未来ビジネス図解

最新
デジタルマーケティング

水野慎也 著

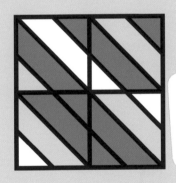

JN021571

エムディエヌコーポレーション

はじめに

　この本は、現在最新のデジタルマーケティングの全体像をわかりやすく解説したものです。初めてデジタルマーケティングに携わることになった人から、スタートしてみたものの壁にぶつかっている人まで、初級者の方にとってわかりやすいようにまとめています。

　世の中のデジタル化は驚異的なスピードで進んでいます。テクノロジーの登場に驚いていた時期は終わり、当たり前のように使いこなす段階に入っています。鉄道の改札を思い浮かべてください。紙の切符に駅員さんがハサミを入れていた時代から、磁気乗車券を自動改札に投入する時代に変化し、今ではIC乗車券が定着し「当たり前」になっています。この状況で紙の切符を続けている鉄道会社があったら、みなさんどう思うでしょうか。「時代遅れだなぁ」「切符を買うのは面倒だよ」などと感じるのではないでしょうか。そうです、テクノロジーの進化に乗り遅れた企業の商品やサービスは、いくら高機能なものであっても相対的に見劣りしてしまうのです。

　顧客はデジタルが当たり前の現在、世の中のあらゆる情報を自分の慣れ親しんだスマートフォンから収集し、SNSで家族や友人へ発信します。企業のマーケティングは、顧客とのコミュニケーションであると言っても過言ではありません。顧客が触れる情報の中で、いかに自社の存在を「価値のあるモノ」としてアピールするかが求められます。そして、デジタルマーケティングはそのアピール活動を助け、企業と顧客の良好な関係づくりに一役買ってくれるのです。本書は、デジタルマーケティングの技術的な側面、顧客の獲得や関係の維持に関する方法論、進める上で注意すべき点を紹介します。筆者は前職の食品メーカー勤務時代に、情報システムとマーケティングに携わり、さまざまな経験（時には苦労も）してきました。長年デジタルに携わり、技術の進歩とともに歩んできた経験を基に、テクノロジーとの付き合い方や、それを企業でどのように使いこなしていくかを、アドバイスしていければと思います。

　本書を読むことで、あなたが「デジタルマーケティングって面白そう」と、親近感を持っていただくとともに、デジタルマーケティング活用の一助となれば幸いです。

2023年2月
水野慎也

Contents

Part. 1 デジタルマーケティングの基本

Part. 2 お客様の心をデジタルで捉えるコツ

Part. 3 お客様と永くつながるためのデジタル活用

Prologue

暮らしの中に「デジタル」が溢れている

私たちの日常の暮らしに溢れる「デジタル」。初めて触るときは慣れない操作に戸惑いを感じても、便利な機能はすぐに手放すことができなくなり、その存在は「当たり前」となります。企業が提供する商品やサービスは、その提供方法において、便利なデジタルを採用しないと厳しい競争に生き残れない状況になりつつあります。

デジタルが溢れる私たちの暮らし

　朝、目覚めのアラームは、スマートウォッチの振動。天気サイトで今日も晴天であることを確認し、新聞の電子版をざっと読む。日課である朝のウォーキングの距離の計測もスマートフォンアプリだ。今やすっかり定着したテレワークにて業務開始。オンラインでチームの朝ミーティングの後は、資料作成。昼食は、近所のテイクアウトの弁当。事前に専用アプリから注文し、決済まで完了、時間になったらピックアップ。午後はオンラインのセミナーだ。現地の専門家による、新しい海外のITソリューションの解説を自宅に居ながらに視聴する。当然、プレゼンは英語だが画面には同時翻訳の字幕が流れる。どうやら話者の音声を自動変換しているようだ。夕方、業務が終了し、くつろぎのひととき。夕食後は、スマートフォンで動画配信サイトからアニメを視聴。睡眠前は読書。書籍専用端末を片手に、数秒で眠りに落ちる。

　ごくありふれた、暮らしのワンシーンです。この中に、「デジタル」はいくつ登場しているのでしょうか？　日常生活でも、仕事でも、パソコン・スマートフォンを介したデジタルの利用は、なくてはならないものになりつつあります。

変革のきっかけとなった「スマートフォン」の普及

　このような生活の大きな変化は、いつ頃から起こったのでしょうか？　その変化の大きな転換点として、スマートフォンの普及が挙げられます。**01**の図は、総務省が発行している『令和4年版情報通信白書』から引用した、スマートフォンの世帯普及率です。爆発的に普及が進んだiPhone4シリーズの発売が2010年でした。それを契機に、2011年からの国内のスマートフォン普及率は右肩上がりで増加し、

2021年には9割近い世帯普及率となっています。フィーチャーフォン（いわゆる「ガラケー」のこと）と比較して、大きなタッチスクリーンを持ち、パソコンよりも小型で持ち運びに優れるスマートフォンは、デバイス上で動作するさまざまなアプリケーションソフトが開発・提供されたこともあって、10年で一気に私たちの生活の中に浸透しました。

スマートフォンは基本的な機能として、「情報検索」「情報記録」「コミュニケーション」の3つの役割を持っています。「情報検索」の機能では、検索エンジンからのさまざまなインターネット上のWebページにアクセスが可能な他、天気・株価などの特定の情報を専用で閲覧するアプリケーションソフトも開発されました。「情報記録」の機能では、カメラ機能にて、静止画・動画の撮影が可能な他、音声やテキスト、昨今では各種センサーによる位置情報や速度などの計測と記録も可能です。そしてスマートフォンの最大の魅力が「コミュニケーション」機能です。音声での相手との通話は固定電話でも可能でした。またテキストメールは、ガラケー時代から送受信が可能でした。しかし、静止画・動画の記録とSNSの普及が、コミュニケーションの形態を大きく変化させました。これまでの1対1のコミュニケーションが、1対多、多対多の巨大なネットワークを形成したのです。

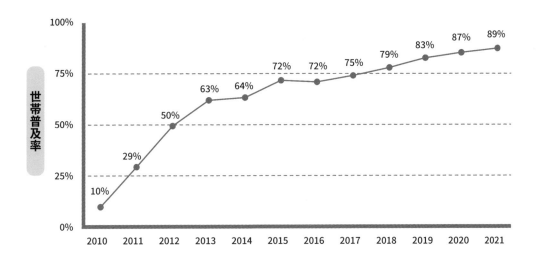

01 スマートフォンの世帯普及率推移

世帯普及率

- 2010: 10%
- 2011: 29%
- 2012: 50%
- 2013: 63%
- 2014: 64%
- 2015: 72%
- 2016: 72%
- 2017: 75%
- 2018: 79%
- 2019: 83%
- 2020: 87%
- 2021: 89%

出典：総務省『令和4年版情報通信白書』

このネットワーク上で、多くの個人が所有するスマートフォンは大きな役割を発揮しました。私はその果たした役割は、大きく2つあると考えています。1つは、「場所の壁の突破」です。持ち運び可能で、しかも常に持ち歩くこのデバイスは、家やオフィスのような特定の場所だけの利用シーンを超え、電車・バスなどの移動中、店舗、屋外など、場所を問わないコミュニケーションを可能にしました。

2つ目は、「時間の壁の突破」です。そして、これはさらに即時性と非同期性の2つの側面が考えられると思います。「即時性」とは、もともと可能であった電話やメールの発信通知に加え、搭載されたアプリケーションソフトからのアラート通知や、自身の場所や状態を自動検知して通知を送るような機能のことを指します。昨今の便利な利用方法では、自身の

いる位置のピンポイントの天気の様子を、雨雲の状態などから識別し、プッシュ通知で教えてくれるなどのサービスがあります。「非同期性」での時間の壁の突破というのは、受信者の都合に合わせ、自分の好きなときに情報入手が可能であることを意味しています。代表例はSNSのタイムラインです。見たい時にアクセスして、自身の興味のある情報を見やすい状態でストックすることができます。もちろん、プッシュ通知と併せ、即時性と非同期性をうまく組み合わせることも可能です。

このように、スマートフォンは、多忙な日常の中で時間を有効に使いたい現代人のニーズに合致し、「情報検索」「情報記録」「コミュニケーション」を効率化するツールとして生活の中で確固たる地位を獲得したのです。

企業のマーケティングも「デジタル前提」

このような世の中の変化に合わせ、企業のさまざまな活動もデジタルを「手段」ではなく「前提」として捉えなければならなくなるでしょう。マーケティングの世界も例外ではありません。多くの消費者が、商品を買う際にまとめサイトやユーザーレビューを参考に比較検討をしています。また、多くの商品やサービスは、動画サイトに紹介動画が掲載されています。さらに、ほとんどの生活用品は、ECサイトで購入可能です。モノを買ってお金を支払う際は、電子決済が当たり前になっています。そして、これら

の商品やサービス利用の問い合わせには、チャットによるオンラインサポートなどが対応しています。このように、企業が提供するマーケティングのサービスは、消費者の意識の中ですでに「デジタルが前提」になっているのです 02 。したがって、非デジタルのマーケティングは、相対的に劣るマーケティングになってしまいかねません。企業のマーケティングは、デジタルを前提として、「顧客サービスの提供」が求められる時代に突入しているのです。

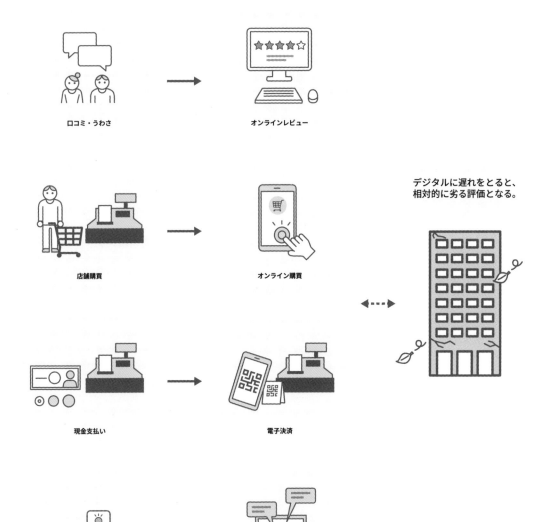

口コミ・うわさ → オンラインレビュー

店舗購買 → オンライン購買

現金支払い → 電子決済

電話問い合わせ → チャットサポート

デジタルに遅れをとると、
相対的に劣る評価となる。

Prologue 1　暮らしの中に「デジタル」が溢れている

2 顧客の行動をどう把握するか

企業のマーケティングの大きな目的は売り上げの獲得です。デジタルマーケティングを上手に活用することにより、マーケティング施策の費用対効果を高めることが可能です。そのポイントは、いかに商品やサービスを必要とする顧客を高い確率で探し出すかであり、そのためには顧客の行動を把握することが重要なのです。

興味や課題の似かよった集団をモデル化する

では、デジタルであなたの顧客を「おもてなし」することを考えてみましょう。Webサイトには、あなたの企業が販売する商品の特徴を掲載するでしょう。顧客のメールアドレスがわかっていれば、メールにて新商品の案内や、セールの通知も可能です。しかし、マーケティングの対象となるのは、あなたの企業を知っていたり、あなたの企業がメールアドレスを知っていたりする顧客ばかりではありません。まだ接触したことのない、いわゆる「潜在顧客」が、マーケティングの主な対象となります。とはいえ、無数に存在する潜在顧客の、一人ひとりのニーズを把握して、商品やプロモーションの案内を届けることは不可能です。一人ひとりの潜在顧客ごとに案内できなくても、同じニーズや課題を抱えている潜在顧客をグループ

として捉え、そのグループに対して情報発信したほうが、労力は少なそうですし、情報が到達する確率も上がりそうです。したがってマーケティングでは、この潜在顧客を興味や課題の似かよったグループにまとめ、そのグループがどのような購買行動を取るかをモデル化して考えるのが一般的です。このモデル化した購買行動のことを、「顧客購買行動モデル」と呼びます 01 。

顧客購買行動モデルは、時系列のプロセスで表現されます。代表的なのが「AIDMA（アイドマ）」です。Attention（注意）→ Interest（関心）→ Desire（欲求）→ Memory（記憶）→ Action（行動）の頭文字を取った造語です。消費者の行動プロセスを説明する「代表モデル」として広く知られています。

旅行

スポーツ

ファッション

グルメ

自社製品

このAIDMAの起源を辿ると1920年までさかのぼるようです。アメリカで販売・広告の実務書を書いていた、サミュエル・ローランド・ホールが提唱したとされており、もう100年も昔の考え方となっています。その当時の広告やマーケティングは紙媒体が中心です。ラジオやテレビが普及した頃でしょう。しかし当然、パソコンもスマートフォンもインターネットもありません。

そこで、デジタル時代にこの考え方は見直され、いくつもの派生した顧客購買行動モデルが開発されました。書き出すとキリがないので本書のテーマであるデジタルマーケティングにいちばんマッチするモデルである「AISAS」を紹介することにします 02 。Attention（注意）→ Interest（関心）→ Search（検索）→ Action（購買）→ Share（情報共有）の頭文字をとっています（私の経験上、1つ目の「S」であるSearch（検索）と、2つ目の「S」のShare（情報共有）は、「Sympathy（共感）」でも良いと考えています。

デジタル時代の顧客購買行動モデル

AISASには、デジタル活用の重要なステップである、「Search（検索）」と「Share（情報共有）」が含まれています。「Search（検索）」は、商品やサービスを購買・契約する前に、事前に検索エンジンなどで、その商品やサービスの機能や価格、評価などを検索する行動のことを指します。「Share（情報共有）」は、購買・契約した後、その製品・サービスの評価をSNSなどに書き込む、いわゆる「口コミ」のことです。他にもデジタル前提の要素はたくさん含まれています。「Attention（注意）」では、商品やサービスの認知獲得に、広告が用いられています。デジタルマーケティングの広告では、Web上のバナーや検索連動広告が主流ですし、SNS上のタイムラインの中に表示されるインフィード広告もよく用いられます。「Interest（関心）」では、企業のWebサイトやニュース記事、ブログや動画コンテンツも関心を高めるのに有効です。また「Action（購買）」でも、ECサイトからの購買や電子決済といった、デジタル前提での行動が想定されます。

「AISAS」モデルは、さまざまなデジタル活用シーンを包含した、「デジタル前提」の顧客購買行動モデルと言えます。

---

02 AISAS

Attention ▶ Interest ▶ Search ▶ Action ▶ Share

デジタルだからできる「カスタマージャーニー」の構築

　顧客行動モデルのような考え方が提唱された背景には、マーケティングの費用対効果の観点が大きく影響しています。マーケティングは、一言で言えば「顧客に商品サービスを買ってもらうための投資」です。投資には必ず効率が求められます。したがって、言い方は悪いのですが、投資効率の悪い、「ひとり」に焦点を当てた商品開発やプロモーションの企画よりも、より多くの人に買ってもらうため、「集団」に焦点を当てた商品開発やプロモーションの企画のほうが費用対効果は高いのです。

　しかしマーケティングの費用対効果は、企業が対象とする集団の規模に応じて、考えなければいけません。TVCMに代表される、マスマーケティングについて考えてみましょう。マスマーケティングは、費用は高額ですが、情報伝達を行える顧客の規模は大きいです。この方法を、小規模の集団に行っても、得られる効果に見合いません。例えば、あなたの自宅の近所のスーパーマーケットのタイムセールの案内を、全国ネットのTV番組でCMを放映することは、そのスーパーマーケットと別のエリアに住んでいる消費者にとっては全く関係のない情報になります。このように、マスマーケティングの時代は、個々の施策の単価が高額であったため、対象者を大勢のグループで想定しないと、「割に合わない」結果となっていたのです。

　しかし、デジタルのマーケティングへの活用により、この費用対効果の考え方が一変しました。インターネット上で、マスマーケティングと比較して安価に認知獲得を行い、検索やシェアを組み合わせて、企業にとってアプローチしたいグループに、効率よく情報提供を行うことができるようになったのです。

　このようなマーケティング環境の変化から、顧客購買行動モデルは対象となるグループを小さな単位に絞り込むことが可能になりました。そして、その絞り込んだグループに対し、より詳細な興味や課題に応えるべく、さまざまな顧客接点（タッチポイント）を用意し、顧客の行動に寄り添う動きが活発化しました。この顧客の行動のフローと、企業がマーケティングで用意するタッチポイントを、ひとつの「旅」に見立てて表現したのが「カスタマージャーニー」です。スマートフォンやSNSが普及し、消費者は場所と時間を問わず情報にアクセスすることができるようになりました。このように、いつでもどこでも消費者が情報にアクセスできる環境が実現したからこそ、カスタマージャーニーという考え方が成り立ち、企業のマーケティング手法は進化したと言えるでしょう。

3 デジタルマーケティングって 何がいいの？

デジタルが生活に浸透している昨今で、マーケティングの手法でもデジタルを活用するのは、ごく自然の流れだと言えます。デジタルマーケティングを進める上では、この自然の流れに乗りつつ、得られる効果を最大限に高めることが理想的です。デジタルマーケティングとは本質的に何が良いのかをしっかり理解しましょう。

デジタルマーケティングとは何か

ここまでは、企業が進めるマーケティングにデジタルを活用した考え方を、いくつかお話ししました。デジタルマーケティングとは、インターネットやデジタルデータを活用して、顧客のカスタマージャーニーの中に、自社の商品やサービスの情報接点を構築することです。そして、その情報接点の構築には、WebサイトやSNS、メールマガジンなどのソフトウェアと、スマートフォンやPCなどのハードウェアが登

場します。何となく、「そのようなソフトウェアやハードウェアをうまく組み合わせて、顧客の注目を集めて、商品やサービスを買ってもらえばいいんだろう」、という大きな概念は理解いただけたのではないでしょうか。

ここから本格的なマーケティング「手法」の解説に入る前に、もう少し「何でデジタルマーケティングっていいんだ？」という点について説明します。

デジタルマーケティングはコスパがいい！

まず、何といってもデジタルマーケティングの利点は、マーケティング費用対効果（コストパフォーマンス）が高いという点です **01** 。マスマーケティングでは、1つのマーケティング施策の規模が大きく、到達できる顧客の数も多いのに比例して、コストも大きくなります。しかし、デジタルマーケティングでは、マスマーケティングのように、一括大量の情報

発信を行うことは少なく、低コストの小さな企画を、効果を見ながら進めることが多いです。予算に応じ、得られる効果を見ながら、施策を改善し、進めていくことが可能です。よって、短期集中型で行われるマスマーケティングと比較して、中長期で継続したり、定期的に違う方法にアレンジしたりして、実施されます。改善を加えながら、もっとも費用対効果の高

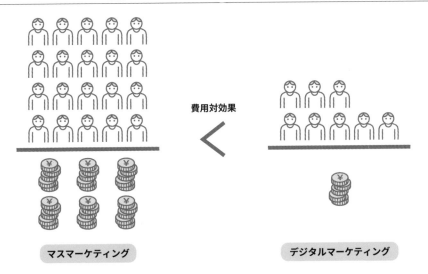

費用対効果

マスマーケティング

デジタルマーケティング

い方法に試行錯誤を行います。また、長期に継続することにより、同じ顧客に対し何度も接点を構築できるというメリットも期待できます。このように、「少ない費用でスタート、繰り返し長く継続する」がデジタルマーケティングの基本形と言えるでしょう。

デジタルマーケティングは効果検証が可能

　デジタルマーケティングのもう 1 つの利点は、「効果が見えやすい」ことです。Web サイトを例にとると、顧客がインターネットにアクセスする際に利用する「ブラウザ」は、その一つひとつが ID を持っていて、どの ID が、どの Web サイトへいつ訪問したかの履歴を記録することが可能です。しかも、専用のツール（代表的なものに、Google が無償で提供している Google アナリティクスがあります）を利用すれば、同じ訪問者がどれくらいの頻度で、どこを経由して、該当のページに辿り着いたかといったデータも収集

可能です。このような仕組みを利用して、自社の Web ページのアクセス解析を行うことが可能です。マーケティングでは社外のパートナーにプロモーションを依頼することが多いですが、その際も同様です。訪問者の数や辿りつくまでの経路などのデータを収集します。複数の Web サイトやアプリで、訪問者や訪問者の辿る経路などを把握し、比較評価することによって、次により良いデジタルマーケティングの企画を立案することができるようになるでしょう **02** 。

017

Prologue

　構築したWebサイトやアプリにどのように顧客がアクセスしているか（またはしていないか）を知ることは、実施したキャンペーンなどのマーケティング施策の継続や終了、改善の際の判断材料となります。

　このように、デジタルマーケティングでは、リアルタイムにマーケティングの状況を把握・評価を行い、迅速なアクションにつなげることができるのです。

デジタルマーケティングは顧客のカスタマージャーニーを豊かにする！

デジタルマーケティングの3つ目のメリットは、「顧客のカスタマージャーニーを豊かにする」です。現在の企業のマーケティングは、モノやサービスが溢れ、競合商品と差別化しにくい環境と言われています。そのような厳しい環境で、顧客に商品やサービスを選んでもらうためには、より「印象に残る体験」を提供することが大切です。

デジタル化以前のマーケティングを思い出してみましょう。ある商品をTVCMで見たとします。おそらく15秒程度の出会いでは、よほどの興味がなければその時点で忘れてしまうでしょう。新聞の折り込みチラシも同様です。朝、新聞を読むついでに一緒に折り込まれていた近所のスーパーのチラシに、興味を惹かれる商品が掲載されていたとしても、買いものリストに追加されるまでには至らないことが多いと思います。そして、実際にスーパーマーケットに足を運び、商品の前を通りがかっても、TVCMやチラシの記憶は、はるか彼方の過去のものとなって消えてしまっています。

しかし、デジタルマーケティングには強力な武器「スマートフォン」があります。常に携帯し、情報検索、情報記録、コミュニケーションといったさまざまなシーンで活用するスマートフォンは、TVCMとチラシとスーパーマーケットの間の時間をつなぐことができるのです。しかも、これらをうまく連携すれば、1つのストーリーにすることも可能です。このように、点で配置された企業が発信する情報を、「線で繋ぐ」ことができるのが、デジタルマーケティングのメリットだと考えます **03** 。

「線でつなぐマーケティング」とは具体的には先に述べた、詳しく調べ、欲しくなり、購買する、そして永く使い続けるという、一連の「カスタマージャーニー」のことを指します。企業は、カスタマージャーニーを通して、顧客のニーズを満たし、課題を解決することにより、その対価として売り上げを得ることができるのです。

---

03 点のマーケティングを線でつなぐ

さあ、新しいデジタルマーケティングを始めてみよう

　ここまでお読みいただいて、難しそうだったデジタルマーケティングが、少し身近に感じてもらえるようになったでしょうか？　スマートフォンやSNS、メール、Webサイト（ホームページ）やアプリ、みなさんもご自身の生活の中で使っているものばかりです。つまり、デジタルマーケティングを構成する要素は、日常の慣れ親しんだツールばかりなのです。みなさんが日常生活で「顧客」となって使っているこれらのツールを、「企業」がどのように活用して、商品やサービスの価値を伝えるかが重要です。

　Part.1では、デジタルマーケティングを構成するソフトウェアやハードウェアを使って、どのようにマーケティングを進めていくかについて解説します。また、Part.2では、顧客に商品やサービスを知ってもらい、買ってもらうために、デジタルマーケティングで顧客の心をどのように掴むかのコツに触れます。Part.3では、買ってもらった後も顧客と永くつなが

り続けるために、最新のデジタルマーケティングがいかに有効であるかを解説します。

　一方デジタルマーケティングは、良いことばかりをもたらすとは限りません。守らなければいけないルールはたくさんありますし、ルールから外れて運営したがために、取り返しのつかないことも起こります。Part.4では、そんなデジタルマーケティングのデメリットや気を付けるべき落とし穴について解説します。

　Part.4まで読み進めたあなたは、もう「デジタルマーケッター」の仲間入りをしていることでしょう。まとめのPart.5では、本書のテーマの1つである、「明日から始める」ための最初の一歩となるべく、少しずつデジタルマーケティングを始めていくヒントで締めくくりたいと思います。

　さあ、デジタルマーケティングの世界に、一歩踏み出してみましょう！

Part.

1

デジタルマーケティングの基本

そもそも「デジタルマーケティング」とは

デジタルマーケティングを始めるにあたり、それがどのような目的や意図で行われ、企業はどんな範囲で取り組み、そしてどのようなパーツを揃えないといけないかを知らなければなりません。
ここでは、まずデジタルマーケティングの全体像を把握してみましょう。

◉ デジタルマーケティングの全体像

　まずは、デジタルマーケティングがどんな範囲で、どのように構成されているのかを見てみましょう。本書では、はじめてデジタルマーケティングに触れる人にわかりやすいように、おおまかに4つのパーツに分けて説明します 01 。

　1つ目は「（デジタル）デバイス」です。すでに何度も出てきている「スマートフォン」が代表例ですが、他にもデジタルマーケティングで重要となるデバイスはたくさんあります。スマートウォッチ、スマートスピーカーなどが思い浮かびますね。デジタルマーケティングの最前線で、顧客の視覚や聴覚に直接触れる存在です。2つ目は「チャネル」です。顧客のデバイスに、伝えたい情報を届ける経路をチャネルといいます。WebサイトやSNSなどが代表例ですし、メールやECサイトもチャネルの一種です。3つ目は、このチャネルに流す情報、つまり「コンテンツ」です。コンテンツの形式はさまざまですが、商品やサービスの名前・機能・特徴を表現するのに重要な役割を

担います。顧客の注目を得るためにさまざまな工夫が施されます。デジタルマーケティングでよく利用されるのは、画像や動画、文章（テキスト）などです。4つ目は「データ」です。コンピュータ上で管理する対象としては、コンテンツも一種のデータと言えますが、コンテンツがチャネルを通ってデバイス上で顧客に届けられる情報であるのに対し、「データ」はそれ自体を分析することにより、顧客が考えていることを類推したり、次にどんな行動をとるかを予測したりするような使い方をします。

　この4つ以外にも、デジタルマーケティングを支援するための、さまざまなツールや支援サービスが考えられます。この全体図では、「ツール・支援サービス」として、少々脇役に甘んじてもらいますが、デジタルマーケティングの各施策運営の労力を減らしたり、精度を高めたりするのに有効なツールがたくさん存在します。例えば、メルマガの配信において、メール文面と宛先リストをあらかじめ準備しておけ

ば、顧客の関心に応じて有効なパターンのメールを自動的に送ってくれるツールなどがよく活用されています。ほかには、Webサイトの画面上に表示するデザインやパーツを訪問する顧客の来訪経験に応じて自動的にアレンジするツールなどがあります。

デジタルマーケティングで行われる各施策や考え方の説明に合わせて、これらのツールや支援サービスも紹介していきたいと思います。

01 デジタルマーケティング全体像

デバイス

最前線で顧客の視覚・聴覚などに直接触れる

チャネル

顧客に伝えたい情報を届ける経路

コンテンツ

商品・サービスの機能や特徴を表現し、顧客の注目を得る

データ

収集・分析し顧客の意識や行動を把握する

ツール・支援サービス
デジタルマーケティングの各施策運営の労力を減らしたり、精度を高めたりする

● 4つのパーツは連携して成功確率を高める

これら4つのパーツは、独立して動作させてもデジタルマーケティングの効果はさほど期待できません。デジタルマーケティングの効果的な利用方法は、低コストで小さく情報発信を重ねて、その効果を検証しながら、顧客の行動に対して線でつないだ接点を構築することです。したがって、デジタルマーケティングを構成するこれらのパーツも、それぞれをうまく連携させて、お互いの効果を高めるべきなのです。

イメージを深めるために4つのパーツを連携させる例を、いくつか紹介してみます 02 。1つめは、顧客ニーズが「魅力的な旅行先を探したい」であるとしましょう。顧客が常に持ち歩く、スマートフォンをデバイスとして、検索エンジン（チャネル）から旅行のイメージを入力し、検索結果を閲覧します。各旅行先は、美しい風景や、心地よさそうな宿泊先の画像を表示するでしょう（コンテンツ）。要件に合致した旅行先が見つかり、予約へつながれば、その結果がデータとして蓄積されます。

別の例では、顧客のニーズは「車を買おうと思っている。気になる車種の機能を比較したい」です。詳細なスペックやデザインを比較するのには、デバイスはモニタサイズの大きいPCのほうが向いているかもしれません。Webサイトから資料請求を行い、メールにて資料のダウンロードURLが送られてきました（チャネル）。間髪を入れず、営業担当からのWeb商談の案内も送られてきます。機能の比較は、PDFで送られてきた詳細なパンフレットで行います（コンテンツ）。最終的には、購入することはあきらめましたが、その後の営業担当者からのアンケート調査に回

答したことで、比較検討や商談の内容がデータとして格納されました。

もう1つ例を見てみましょう。顧客ニーズは「最近ランニングを始めたけど、走った履歴を記録したい」です。デバイスは、ランニングのときに邪魔にならない、スマートウオッチが最適です。スマートウォッチにはGPS機能つきのアプリがインストールされています。アプリ経由でタイムや走行ルートが記録され、距離も計測します（チャネル）。コンテンツとして、記録した走行データが地図上に表示され、ダッシュボードで月間などの走行履歴をまとめて表示します。このアプリを気に入っているかどうかは、計測を行った頻度をデータとして過去の履歴やほかのユーザーのデータと比較すればわかります。

このように、デジタルマーケティングでは、買い手である顧客のニーズや課題に応じて、デバイス、チャネル、コンテンツを最適に組み合わせ、顧客に情報を届けます。そして、「顧客は何を求めているのか？」「顧客はどのように商品・サービスを評価しているのか」を知るために、データを収集・分析し、組み合わせの精度を高めるのです。

Part.1では、まず、デバイス、チャネル、コンテンツのそれぞれの機能や役割について、上手に活用している先行企業の例を説明していきます。後半では、最新のデジタル技術を使い、さらに効果を追求したデジタルマーケティングの活用例もご紹介します。

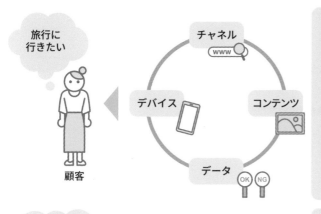

顧客ニーズ
「魅力的な旅行先を探したい」

↓

デバイス　：スマートフォン
チャネル　：検索エンジン
コンテンツ：Webサイトの旅行先画像
データ　　：閲覧結果から
　　　　　　パッケージツアー申し込み

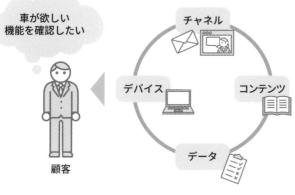

顧客ニーズ
「気になる自動車の機能が知りたい」

↓

デバイス　：PC
チャネル　：メール・オンライン商談
コンテンツ：パンフレット
データ　　：顧客満足度（アンケート）

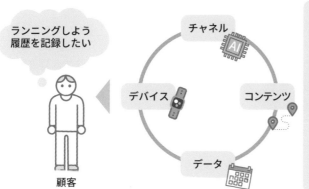

顧客ニーズ
「ランニングの履歴を記録したい」

↓

デバイス　：スマートウォッチ
チャネル　：AI機能付き記録アプリ
コンテンツ：GPSによる位置情報測定
データ　　：継続利用の有無

Section 1　そもそも「デジタルマーケティング」とは

2 進化するデジタルデバイス

我々が情報にアクセスする際には、スマートフォンを中心にさまざまな機器を活用します。デジタルマーケティングで利用されるこの機器のことを総称して、「デジタルデバイス」と呼んでいます。デジタルデバイスは顧客への情報提供や、さまざまな場所からの情報収集の「窓口」となります。

● デジタルデバイスの基本機能

1つ目の構成要素である、「デジタルデバイス」から見ていきましょう。デジタルデバイスの大きな役割は、ユーザーの目や耳などに直接触れるという点です。スマートフォンやスマートウォッチなど、ディスプレイ表示を行うものが想像できると思います。ユーザーに直接触れるのは視覚だけではありません。例えば、聴覚、音声案内などが考えられます。また、スマートフォンのバイブレーションなどの触覚に働きかけるものも考えられます。

そして、デジタルデバイスは、ユーザーの視覚・聴覚などに働きかける表示や通知だけでなく、物体の「検知」や、デバイスへの操作により「入力」や「記録」することも可能です。例えば防犯や監視を目的とするセンサーやカメラ、鉄道の自動改札機に設置されたICカードリーダー、ビルのセキュリティゲートでは顔認証によるチェックなど実用化が進んでいます。

これらの画像・映像・音声を出力するデジタルデバイスと、検知・記録を行う入力デバイスを相互に連携させて、デジタルマーケティングを行うことになります 01 。スマートフォンで何らかの情報を検索する操作を例に考えてみましょう。顔認証やパスワード入力で画面を開くと（入力）、検索エンジンのアイコンが表示され（出力）、そのアイコンをタップし（入力）、検索画面を開く（出力）、このような操作を行うのではないでしょうか。スマートフォンは、入力機能と出力機能の両方を兼ね備えており、ユーザーのやりたいことがスマーフォンだけで完結する、優れたデバイスであると言えるでしょう。

デジタルマーケティングでは、顧客へ情報を届ける際に、自社の商品やサービスに関する情報を「わかりやすく」表現し、「簡単に」得られるように提供することが重要です。デジタルデバイスは、顧客の最前線に位置して、商品・サービスを魅力的に見せるという点で、重要な役割を担っていると言えます。

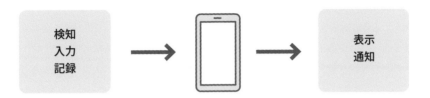

● デジタルデバイス連携の中核を担うスマートフォン

　それでは、そのスマートフォンの先進活用事例を見ていきましょう。繰り返しになりますが、スマートフォンは、それ単体でも情報の検索と表示、記録などの役割を果たす優秀なデバイスです。進んだ活用事例では、この高機能なスマートフォンを、他のデジタルデバイスと連携して、より効果を高める使い方が見られます。

　具体的には、決済端末としての使い方がポピュラーになりつつあります。FeliCa技術を使った「おサイフケータイ」での支払いはみなさんも使ったことがあるのではないでしょうか。QRコード決済も一般的になってきました。QRコードを読み取って、金額を入力する決済方式は、店舗側の機器への投資負担を軽減できる方法であり、カメラ機能を備えたスマートフォンならではの活用方法であると思います。セキュリティ認証でもスマートフォンは活躍しています。個人が1台ずつ手元に持っているという利点を活かし、本人確認のための2段階認証と呼ばれる方式で活用されています。Webサイト上に登録された携帯番号に対しSMS（ショート・メッセージ・サービス）などを経由し、4〜6桁程度のPIN（パーソナル・アイデンティフィケーション・ナンバー）を送付し、そのPINをWebサイトに入力させる方式です **02** 。

02 PINを活用した2段階認証（Apple社の例）

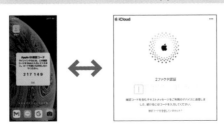

スマートフォンを介した位置情報の活用も進んでいます。スマートフォンは電波を発信する機器ですので、デバイスから発信される電波と、キャッチするアンテナの関係から、その端末がどの位置に存在するかを検知できます。この機能を活かし、端末をそれを所持する人の動きと置き換え、行動ログのビジネス活用が進められています。

具体的には、スマーフォンが発信するBluetoothと呼ばれ近距離無線通信規格の電波を活用します。およそ10m程度が有効なこの電波を活用し、ビーコンと呼ばれる受信器と組み合わせ、スマートフォン所持者の所在を検知します。これをビジネスを展開する企業も登場しています。このビーコンを日本各地に約210万箇所所持している企業であるunerryは、スマートフォンの移動ログを月間300億件以上収集しています。ビーコンのメリットである屋内通信と、GPS通信を組み合わせ、屋内と屋外の双方で来訪者のスマートフォンを検知し、適切なタイミングで広告やクーポンなどの配信を行っています 03 。

---

03 unerry　ビーコンを利用した人流データ収集

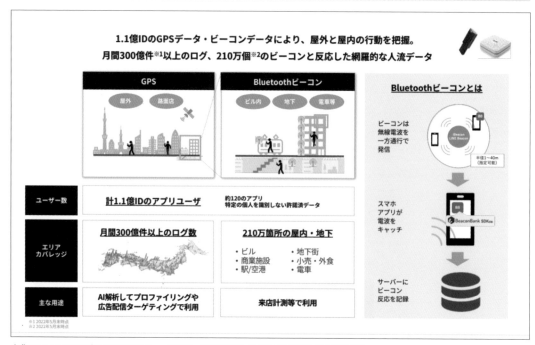

出典：unerry 2022年7月28日付け　IR情報（事業計画及び成長可能性に関する説明資料）
https://contents.xj-storage.jp/xcontents/AS82460/3b352cc0/6256/43cb/a257/94e2f08b13fa/140120220727505720.pdf

● 身の回りの機器がデジタルデバイスになる

スマートフォン以外にもさまざまな機器がインターネットに接続され、デジタルデバイスの役割を担っています。これらは、IoT（Internet of Things）と呼ばれており、機器本来の操作や動作をインターネット上にデータとして送信し、そのデータを解析することによって、ユーザーに対しより有益な情報をフィードバックすることができます。

例えば、キッチンで使う冷蔵庫や電子レンジです。操作パネルに液晶モニターを搭載し、タッチ操作でその機器の操作を行うだけでなく、インターネットと接続して調理の利便性を向上させる情報提供を行う機能も備えています。総合家電メーカーのシャープは、自社の家電製品の稼働状況をスマートフォンアプリで確認できるサービスを提供し、2024年にはシャープ製家電の8割をインターネット接続対象とする目標を掲げています **04** 。

自動車メーカーも、走行する車を「コネクテッドカー」としてデジタルデバイスに位置付けています。トヨタ自動車は、販売する各車を「モビリティサービスプラットフォーム」へ接続し、カーナビゲーションなどの車載ソフトの自動更新や、交通情報の提供、車両の状態管理などを、インターネットを介してサービス提供しています。

その他、住宅、オフィス、店舗など、あらゆる箇所に設置された機器が、インターネットと接続することによって、新たなサービスを実現するデジタルデバイスとして活躍しています。各デジタルデバイスは、顧客との接点として、このあと触れる、チャネルを介してコンテンツを提供するとともに、検知・入力・記録の役割を担い、デジタルマーケティングを最適化するためのデータの収集を行うのです。

04 シャープ　家電IoTとの連携

出典：マイナビニュース+Digital 2022年3月23日付け
https://news.mynavi.jp/article/20220323-2301595/

3 顧客に価値を伝達する「チャネルとコンテンツ」

スマートフォンをインターネットに接続すれば、さまざまなWebサイトやSNSにアクセスし、たくさんの情報を得ることが可能です。ユーザーへ必要な情報を、正しく魅力的に届ける役割を持つチャネルとコンテンツにはそれぞれどのような特徴があるのかを知り、適切に使い分けることが重要です。

● マーケティングの役割は顧客への価値伝達

　企業の商品やサービスは、顧客が抱えるニーズを満たし、課題を解決するために開発・販売されています。しかし、いくら顧客のニーズを充足し、課題を完璧に解決する商品・サービスであったとしても、その商品・サービスが全く知られておらず、顧客の意識の中に存在しなければ、購入に至ることはありません。しかも、競合ひしめき合う厳しい環境の中で、

顧客の目に触れ、手に取ってもらうことは至難の業と言えるでしょう。マーケティングの役割は、課題解決の手段を持つあなたの企業の商品やサービスの「価値」を顧客に伝達することにあります 01 。その価値伝達において、手段となるのが、価値の表現を担う「コンテンツ」と、伝達の仲介を担う「チャネル」です。

01 顧客への価値伝達

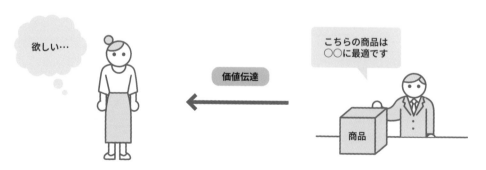

● 価値伝達を効率的に実現するには

デジタルマーケティングでは、このチャネルとコンテンツをデジタル上に構成し、マーケティングを効率よく行うことが可能です。顧客は日常の行動の中で、さまざまなデジタルに触れています。マーケティング活動の中で、効率的に顧客とのコミュニケーションを成立させるためには、顧客のデジタル上の自然な操作の中で、チャネルとコンテンツを使い分けることが必要になります。

チャネルの使い分けのポイントは、日々の生活で使い慣れたデジタル手段を見極めることです。例えば、家族とオンラインでチャットや通話を行うのに、SNSのLINEを使う人が多いでしょう。多くの人（2022年9月時点　国内ユーザー数9,300万人（LINE発表））が日常コミュニケーションで利用するLINEは、企業から顧客への価値伝達の「チャネル」としても活用されています。LINE画面上での広告表示や、企業公式アカウントからのトークメッセージなど、顧客が日頃から慣れ親しんでいる画面上に、企業の存在をアピールすることができます。

そして、チャネルに乗せて配信するコンテンツのポイントです。コンテンツには、まず商品・サービスの名前や基本的な機能、特徴などを正確に伝えることが役割として求められます。しかしそれだけでは不十分です。デジタル上での顧客との出会いは一期一会、しかも一瞬です。したがって、コンテンツには、あなたの企業の商品やサービスの価値を正確に表現することに加え、「顧客にとって魅力的」でなければならないのです。ですが、顧客の好みは一人ひとり異なります。すべての顧客のバリエーションに合わせコンテンツを用意するのは不可能なので、より多くの顧客が好むコンテンツを作成することが、成功の確率を高める方法となります。動画やWebサイトの広告コンテンツに、人気タレントやアニメのキャラクターなどが起用されるのは、それ自身の持つ認知度や好感度を武器に、より多くの顧客の注目を集め、デジタルマーケティング施策の成功確率を高めるためなのです。

● デジタルマーケティングで使われるチャネルとコンテンツ

デジタルマーケティングでよく利用されるチャネルとコンテンツを、ここで紹介しておきます 02 。まずはチャネルから。代表的なデジタルチャネルが「Webサイト」です。一般的にどの企業も公式サイトとしてWebサイトを持っているのが当たり前の時代となりました。Webサイトの派生形として、通信販売を行う「ECサイト」もチャネルの一種です。「SNS」

も一種のチャネルと捉えて良いでしょう。先ほど紹介したLINEをはじめ、Twitter、Facebookなどがあります。画像投稿に特化したInstagramや、動画サイトのYouTubeなどもあります。

また、ディスプレイを持つあらゆるデバイスがチャネルになり得ます。マスチャネルに近くなりますが、電車の車内や飛行機やタクシーの座席の前のディス

プレイもチャネルと呼べるのではないでしょうか。

　企業の商品・サービス特徴や、個人の考えなどを文章にまとめて発信する「ブログ」もチャネルの一種と言えます。また、ニュース専門のWebサイトや、複数のニュース記事をまとめるキュレーションメディアも、チャネルと考えて良いでしょう。コミュニケーションに目を向けると、「メール」は長く使われてきた重要なチャネルです。

　次にコンテンツです。コンテンツは表現された一つひとつの制作物（クリエイティブと呼ばれます）がコンテンツと言えますが、それでは限りがなくなってしまうので、ここではコンテンツの制作方法や制作物の形式で分類してみたいと思います。

　まずは、「テキスト」です。メールなどのコミュニケーションで利用される他、ブログやニュースの文章で使われます。読むことにより理解を深めることができる利点を持っています。視覚に訴えるのが「画像」と「動画」でしょう。前者は、目に触れることにより注目を集め、一瞬で印象付けることが可能です。後者は、視覚効果にストーリーを加え伝達することが可能です。その他のコンテンツでは、「音声」もよく使われる形式です。余談になりますが、聴覚は人間の感覚の中で、視覚を超え最も脳に伝達するスピードが速いそうです。しかも、効率的に脳に印象付ける優秀な方法だとか。そんな効果を期待して、企業の制作する動画広告などではサウンドロゴと呼ばれる定型の短い音源を差し込んだりするわけです。

● チャネルとコンテンツの使い分け例

顧客が慣れ親しんだチャネルと、好感度の高いコンテンツの使い分けは、ビジネスや商品・サービスの分野ごとにも使い分ける必要があります。特に、一般消費者に向けたBtoCビジネスでのチャネル・コンテンツと、企業向けBtoBビジネスでは、使い分けの差がはっきり分かれます。

例えば、企業Webサイトのトップページを比較してみましょう。消費者向けではうどんチェーンの丸亀製麺（トリドール）のWebサイトを見てみましょう。商品であるうどんの美味しそうな画像が目に飛び込んできます。一方、企業向けのWebサイトはどのような構成となっているでしょうか。日立製作所のトップページは都市インフラ、地球、グローバルといった画像と、セミナーの案内が表示されています。BtoCビジネスの多くは、最初の接触で関心を高め、店舗やECへ誘導して購買を発生する、短期集中型のチャネルとコンテンツの配置が行われます。

一方、日立製作所をはじめとするBtoB企業の多くは営業組織を持ち、営業担当の対面訪問を中心にビジネスを展開しています。これに合わせ、チャネルとコンテンツの構成も、いかに顧客の興味関心を高め、営業との接点を構築するかが重視されます。したがってBtoBでは、関係の浅い段階では好感度を高めるイメージづくり中心のコンテンツを、広告などで接触させ、徐々に興味関心を高め、営業とのコンタクトを可能な状態に導くといった長期連携型のチャネル・コンテンツ配置が行われます 03 。

商品・サービスの形態や、利用する性別・年代、特定の関心を持つグループに対しても、チャネルやコンテンツを使い分ける例が見られます。

性別、年代などの属性別では、「TikTok」など若年層の利用率の高いSNSをマーケティング活用する事例が増加しています。また、ラジオもスマートフォンの「radiko（ラジコ）」アプリの普及から利用者は増大しています。ラジオは、いわゆる「ながら視聴」ができることから、業務中（トラックドライバーや店舗業務など）でもアクセス可能なチャネルと言えるでしょう。ほかにも、子育て世代やビジネスマン、学生など特定の状況におかれたグループ向けのチャネル・コンテンツが普及しています。

---

03 Bto C向けコンテンツとBtoB向けコンテンツ

丸亀製麺Webサイト

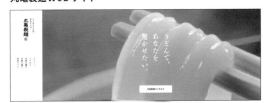

出典：丸亀製麺

日立製作所Webサイト

出典：日立製作所

4 トリプルメディアを知る

デジタルマーケティングでは、売り上げを獲得するために、メディア・コンテンツに投資を行います。そして、その効果を高めるためには、投資の配分先を戦略的に決定することが重要です。トリプルメディアは、その戦略を決定するための指針となる分類方法なのです。

● トリプルメディアとは

チャネルやコンテンツを、別の切り口で分類する考え方を紹介しましょう。企業側のアクションによって「トリプルメディア」と呼ばれる分類を行うことがあります 。トリプルメディアの1つ目は、「ペイドメディア」です。費用を支払って利用するメディアなどで、このように呼ばれています。主に、広告のことを指します。2つ目は「アーンドメディア」です。「アーンド=獲得する」は、SNSやブログなどで消費者など、第三者が発信するメディアを利用して、発信者から評価や信頼を獲得することを意味しています。

そして3つ目が「オウンドメディア」です。オウンドは「所有する」という意味であり、企業自身が所有しているメディアのことを指します。WebサイトやECサイト、SNS上の企業公式アカウントなどが該当します。ペイドメディアとオウンドメディアは、企業の意思でコンテンツを掲載し、発信することが可能ですが、アーンドメディアについてはあくまでも消費者主導で発信されるメディアになります。企業は、この3つのメディアの特性を理解し、使い分けることで効果的に顧客へ情報発信することが可能です。

01 トリプルメディア

ペイドメディア	アーンドメディア	オウンドメディア
費用を払って利用する	第三者の発信を活用する	自社で所有する

● トリプルメディアの最適連携

デジタルマーケティングを進める上では、自社でコンテンツを制作し、WebサイトやSNSなどのチャネルで発信する「オウンドメディア」の活用が手を付けやすいように思えます。しかし、オウンドメディアを置いておくだけでは、そこに訪問するユーザーは限られるでしょう。そこで、他のサイトへお金を払って、広告を掲載してもらうのが「ペイドメディア」の活用です。ペイドメディアは、広告を利用して広範囲に伝達し、認知を獲得することができる反面、費用が発生します。

一方、アーンドメディアは、消費者など第三者が自発的に発信するSNSなどのメディアであると紹介しました。企業にとっては、発信してもらうのを待つだけの受け身のメディアに見られますが、そうではありません。昨今のSNSユーザーの行動は軽快で、自身の興味関心に刺さるコンテンツは、すぐにシェアしてくれます。また、ユーザー間のネットワークも強大で、多くの人の関心に刺されば瞬く間に爆発的なシェアの連鎖が起こります。いわゆる「バズる」

状態です。ひと昔前のSNSを活用したマーケティングでは、この「バズり」を誘発するために、さまざまな仕掛けがなされてきました。その仕掛けにおいて、アーンドメディアを意識したコンテンツを、オウンドメディアとして制作し、ときとしてペイドメディアも組み合わせ、「バズり」を生んできたのです。

例を2つ紹介します。1つ目は2015年に話題になった日清食品の「10分どん兵衛」企画です  。発端はタレントのマキタスポーツさんが、SNS上で「10分待ったどん兵衛が美味しい」と提案していたことがきっかけだったとのことですが、日清食品はこのバズりの「火種」を見逃さず、謝罪文をWebページに公開、Twitterにも投稿しました。これがさらにシェアを生み、一連の盛り上がりがYahooニュースのトップに掲載されるほどの話題となりました。商品の売り上げは前年比150%を達成したとか。小さなSNS上の「アーンドメディア」を、企業が拾い「オウンドメディア」化し、それがまた相乗効果で「アーンドメディア」で拡散する、好循環を生んだ事例と言えます。

---

02 日清食品　どん兵衛公式Twitterの10分どん兵衛ツイート

出典：日清食品 2015年12月18日付け　どん兵衛公式Twitter
https://twitter.com/donbei_jp/status/676773304244473862

TVCM　　　　　　　　　　　新聞広告

出典：赤城乳業 2016年4月1日付け　プレスリリース
https://www.akagi.com/news/2016/20160401.html

　もう1つの例は、赤城乳業の「ガリガリ君　値上げ」の広告です **03** 。2016年4月に25年ぶりの値上げに伴い、赤城乳業社員が出演するTVCMと新聞広告が出稿されました。広告メッセージの誠実さが受け、ニュースサイトやSNSで反響を呼びました。マーケティング手法としては「ペイドメディア」の広告出稿を起点にしていますが、広告出稿日には「オウンドメディア」として同社Webサイトへニュースリリースを発信しています。多数のニュースサイトがこの発信を取り上げ、結果「アーンドメディア」のSNSで大きな拡散を生むことになりました。

　このように3つのメディアは、連携させて相乗効果を生むことが可能なのです。「ペイドメディア」「アーンドメディア」「オウンドメディア」のそれぞれの特性を理解して活用することが重要です **04** 。

　まとめると、「オウンドメディア」は、主にコンテンツを生成し、他メディアに提供する役割を担います。そして、「ペイドメディア」はコンテンツを活か

しチャネルとして認知獲得や理解形成を行い、オウンドメディアへ誘導します。そして「アーンドメディア」はペイドメディアの認知や関心を引き継ぎ、オウンドメディアのコンテンツを拡散し、さらに大きな盛り上がりを作る役割です。そして、どのチャネルに、どのコンテンツを配置すると、どのようなコミュニケーションが生まれるかを意識して、メディア連携を考えることが成功のポイントと言えるでしょう。しかし、狙った通りにバズりを生むのは、なかなか難しいものです。SNSで火種を見逃さないためのツールや、企業からの能動的な発信を迅速に行うための広報活動については、Section 6で触れてみたいと思います。

04 トリプルメディアの最適連携

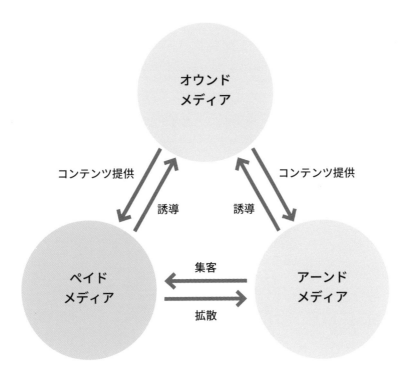

5 インターネット広告の使い方

古くから使われてきたマス広告ですが、そのマス広告を上回る勢いで普及しているのが「インターネット広告」です。消費者のデジタルを前提とした行動を的確に捉え、情報を届けるインターネット広告がどのように使われているかについて、考察してみましょう。

● インターネット広告とは

ここからは、ペイドメディアで触れた「広告」について説明していきましょう。デジタルマーケティングで利用される広告は、主に「インターネット広告」と呼ばれています。大手広告会社の電通が毎年発表している日本国内の広告市場は、TV・ラジオ・新聞・雑誌のマスコミ4媒体広告と、屋外看板・交通・折り込みチラシなどのプロモーションメディア広告、そしてインターネット広告に分類されます。2021年調査でのこの3広告の割合は、マスコミ4媒体が36.1%、プロモーションメディア広告が24.1%、インターネット広告が39.8%と、インターネット広告がマスコミ4媒体広告を上回っています 01 。

01 トリプルメディア

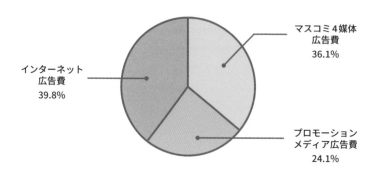

- マスコミ4媒体広告費 36.1%
- プロモーションメディア広告費 24.1%
- インターネット広告費 39.8%

出典：電通『2021年 日本の広告費』

一般社団法人日本インタラクティブ広告協会（以下JIAA）は、インターネット広告を「媒体社が有償で提供する広告枠に掲出されるもの」と定義しています。インターネット上のさまざまな場所に所有者がいて、スクリーンなどに表示される特定の場所を広告用に提供するというのが、インターネット広告の基本的なビジネス形態となります。JIAAの定義に「媒体社」と「広告枠」という言葉が出てきました。一般的に広告は、多くの人に情報を届ける目的で出稿されるので、多くの人の目に触れる「場所（広告枠）」を持つ「所有者（媒体社）」が広告ビジネスを立ち上げ、成り立っています。広告枠は一般的に、露出する媒体の大きさや、出稿する期間で区切られ、その区切りごとに料金単価が決まっています。より多くの人の注目を集めるような広告枠は、必然的に料金が高く設定されるということです。

　例えば、みなさんがニュースや検索のポータルとして利用しているYahoo! JAPANにも広告が掲載されています。Yahoo! JAPANのトップページに表示される、さまざまな画像や動画の広告をディスプレイ広告と呼んでいます（静止画像の広告はバナー広告と呼んだりもします）。広告枠の形態別の料金を比較してみると、ブランドパネルPCと呼ばれるトップページ右側の動画広告では基本料金500万円〜ですが、両サイドに関連画像を配置するブランドパネルトップインパクトPCでは、基本料金は倍の1,000万円〜になります。さらに高額なのが、動画をパノラマに表示するブランドパネルパノラマPCで、基本料金は2,000万円〜になります。このように、よりインパクトの大きい広告枠になるにしたがい、広告料金も高くなる仕組みになっています（料金は2022年12月現在）02 。

02 広告枠の例（Yahoo! Japan）

ブランドパネルPC

ブランドパネルトップインパクトPC

ブランドパネルパノラマPC

出典：Yahoo! Japan

● 予約型広告と運用型広告

　読者のみなさんの中で、実際に広告枠を買い付けるという人は少ないかもしれませんが、一応「こんなふうにインターネットの広告枠って取引されるんだよ」という概要をお伝えしておこうと思います。まず、取引の方法の基本として、「予約型」と「運用型」という2つに分類されます。インターネット広告初期の2000年〜2010年は、予約型の広告枠販売が行われていました。個々の媒体社が、それぞれの広告枠を持ち、広告の出稿者である広告主は媒体や掲載面を選択して広告枠を購入していました。広告主は、大型のキャンペーンなどで複数の媒体を購入する際、仕様の異なる広告枠のそれぞれに合わせ発注や入稿を行うという煩雑な作業を行っていました。また、媒体社も広告枠の在庫が売れ残るというリスクを抱

えていました。

　それを解決したのが運用型広告でした。そして、その運用型広告を支えるのが「アドテクノロジー」です。アドテクノロジーは、複数媒体社の広告枠在庫を管理し、広告主の発注に一括で応じることができます。これにより、媒体社も販売の手間を省き、広告枠在庫の売れ残るリスクを抑えることが可能になりました。運用型広告の広告出稿料金は、オークションによって決定されます。広告主側はDSP（Demand Side Platform）から広告枠の入札を行い、媒体社側はSSP（Supply Side Platform）から広告枠在庫を提供します。多数のDSPとSSPは直接接続し、仲介役のRTB（Real Time Bidding）によりリアルタイムな取引が成立するのです 03 。

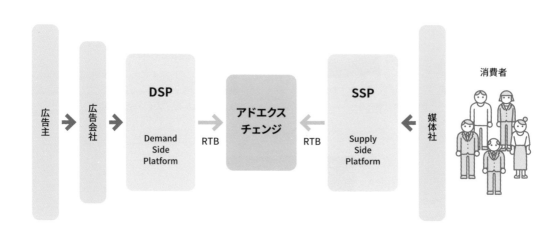

03 インターネット広告取引の仕組み

● 検索連動型広告

次に、代表的なインターネット広告手法をいくつか見ていきましょう。現在ポピュラーな広告のメニューのひとつが「検索連動型広告」です。リスティング広告と呼ばれることもあるこの広告メニューは、検索されたキーワードやフレーズに基づいて、検索結果に関連する広告を、検索結果の上部（または下部）に表示する広告のことを指します。

広告枠の説明で紹介した、Yahoo!のディスプレイ広告は、画面を表示すると強制的に広告が表示される、いわばプッシュ型の広告と言えます。一方、この検索連動型広告は、ユーザーが指定したキーワードに対して「情報が欲しい」というニーズに連動して表示する広告ですので、コンバージョン（広告をクリックして、その先の商品やサービスの紹介ページに遷移すること）につながりやすい広告と言えます。ただし広告ですので、検索結果の表示には広告である旨のクレジット表示が必要です。

検索連動広告も、運用型広告と同様にオークションによって取引されます。逆に、検索連動型広告のオークション形式が原型となって、その後の運用型広告とアドテクノロジーが生まれたと言っても過言ではありません。広告連動させたいキーワードやフレーズを指定し、希望する金額を入札すると、金額に応じて広告の表示位置やクリック単価が決まる仕組みになっています **04**。よく検索されそうなポピュラーなキーワードは、検索される回数も多い分、価格は高くなります。

効果的な検索連動広告を出稿するには、自社の商品やサービスの特性をよく把握しつつ、ユーザーがどのような興味や困りごとで検索行動を起こすかを類推しながら、キーワードを選び出すことがポイントと言えるでしょう。

04 検索連動型広告の例

連動するキーワードは
入札で買い付ける

◉ ターゲティング広告

　企業の商品やサービスは、その商品やサービスのコンセプトや用途にマッチするユーザー層をイメージして開発・販売されます。その想定したユーザー層のことを、「ターゲット層」と呼びます。広告も、商品やサービスを購入してもらいたいターゲット層に効率よく届けば良いのですが、ディスプレイ広告にしても、検索連動広告にしても、広告に接触するユーザーがターゲット層であるかどうかはわかりません。

　そこで登場した広告手法が、ターゲティング広告です。初期のターゲティング広告は、コンテンツ連動型といって、表示するWebサイトのテーマに合わせた内容の広告が表示される程度でした。それが、行動履歴連動型と呼ばれるWebサイトの閲覧履歴や検索履歴、広告への反応履歴、ECサイトでの購買履歴などをデータとして蓄積し、そのデータを活用しターゲティングを行う広告へと進化しました。

　これらの行動データは、会員登録を行ったサイトで、その会員情報と紐付けてデータ蓄積される「ファーストパーティデータ」と、広告主など第三者が蓄積し活用する「サードパーティデータ」に分かれます。また収集方法も、Webサイトの閲覧を行うソフトウェアであるブラウザに蓄積される「Cookie」を用いて蓄積する方法が一般的です。第三者が蓄積するCookieのことを「サードパーティCookie」と呼びます。

　このようなデータを用いて、Webサイトのアクセ ス者がどのような性別、年代でどの地域に住んでいて、どんな興味や、購買履歴があったかを識別し、広告枠に対しアクセス者の行動に合った広告を動的に表示することを可能にしたのがターゲティング広告です。表には、Yahoo!広告でターゲティング可能な属性をまとめました **05**。

　ターゲティング広告は、さまざまなWebサイトやSNSのタイムライン内に表示されるようになりました。しかし、ユーザーは過去の自分の行動とかけ離れた時間や場所で、自分の行動に類する広告が表示されることに違和感を覚えはじめました。みなさんも、ECサイトで検索した商品の広告が、その後も表示し続けたら、「どうして、検索したのがわかったんだ？」と、監視されている気分になったことがあるのではないでしょうか？

　このようなユーザーの意識の変化に応えるべく、広告主の集まる各種団体では、自主規制としてガイドラインの制定が進められてきました。さらに、この規制の流れに拍車をかけたのが、2018年にEUが制定したGDPR（EU一般データ保護規則）です。同規則はCookieなどのオンライン識別子も個人データとみなし、規制の対象にしたためApple、GoogleなどのプラットフォーマーはサードパーティCookieを利用する広告メニューの仕様変更を余儀なくされたのです（このあたりの背景と、個人データの取り扱いの留意点についてはPart.4で改めて解説します）。

種別	特徴	できること
性別ターゲティング	ターゲットの性別を選ぶ	顧客層の性別を選んでアプローチできる
年齢ターゲティング	ターゲットの年齢区分を選ぶ	顧客層の年齢層を選んでアプローチできる
オーディエンスリストターゲティング	自社に接触したユーザーに対して、他サイトで広告を表示する	見込み度の高いユーザーに再接触して行動喚起できる
サーチキーワードターゲティング	指定したキーワードで検索したユーザーに対して広告表示する	検索広告と同じユーザー層にディスプレイ広告を表示できる
		ユーザーニーズに合った広告を表示できる
オーディエンスカテゴリーターゲティング	ターゲットの「興味関心」「購買意向」「属性・ライフイベント」を設定する	ペルソナ（典型的なユーザー像）に合った広告を表示できる
サイトカテゴリーターゲティング	特定のカテゴリーのWebサイトを選ぶ	ターゲットが多く集まるサイトに広告を表示できる
プレイスメントターゲティング	広告表示するサイト、表示しないサイトをURLのリストで指定する	広告掲載面を手動設定できる
地域ターゲティング	国、都道府県、市区町村、エリアなどを指定する	商圏内のユーザーだけに広告を表示できる
曜日・時間別ターゲティング	広告を表示する曜日、時間帯を選ぶ	ユーザーが閲覧しやすい時間帯や、キャンペーンやイベント期間などに合わせて広告表示できる
デバイスターゲティング	ユーザーのデバイス（パソコン、スマートフォン、タブレット）を指定	ターゲットが多く利用しているデバイス、OSを選べる
	スマートフォン、タブレットの場合はOS（Android、iOS）も指定できる	広告フォーマットを最適化できる
コンテンツキーワードターゲティング	広告掲載面（記事）のコンテンツをキーワードで指定する	広告に関心を持ちそうなユーザーにアプローチできる
		広告に違和感、場違い感を持たれにくくなる

● 目的に合った広告メニューを選ぶには

ここまでで、代表的な広告メニューであるディスプレイ広告、検索連動型広告とターゲティング広告を解説しました。他にもさまざまなタイプの広告が、WebサイトやSNSで利用されています。実際に広告出稿する際には、出稿する目的や意図に合った広告メニューを選択する必要があります。その際、広告の情報量やユーザーへのインパクト（広告視聴の強制度）と、顧客であるWebサイトやSNSへのアクセス者と企業（商品・サービス）の関係性で整理すると良いでしょう。

関係性の低い潜在顧客の状態では、商品やサービスへの認知の獲得が重要となります。インパクトの強いディスプレイ型の広告が向いているでしょう

06 。認知を獲得し、興味喚起するには、インパクトは少々押さえても、情報量が多めの理解型の広告メニューが有効と思います。

ターゲティング広告や検索連動型広告は、興味関心を高め、購買の後押しをするのに向いています。

重要なのは、自社のマーケティング目標を実現するのが、広告出稿の目的であることです。幸い、インターネット広告は期間や出稿先の広告枠、ターゲットを限定することで、費用を安価に抑えることができます。広告効果目標の達成の仮説シナリオを描き、スモールスタートで効果を検証しながら、広告メニューを選択していきましょう。

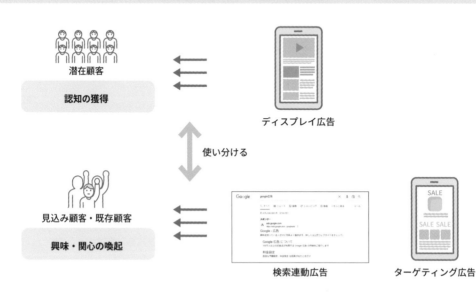

06 目的に応じた広告メニュー選び

潜在顧客
認知の獲得

ディスプレイ広告

使い分ける

見込み顧客・既存顧客
興味・関心の喚起

検索連動広告　　　ターゲティング広告

Section

6 コンテンツマーケティングとSEO

Webサイト、SNSなど、我々の周りにはたくさんの情報が存在します。その情報の中から自身に役立つものを効率的にピックアップするのが「検索」です。コンテンツマーケティングは、ユーザーの検索行動の特性を把握し、企業が発信するオウンドメディアの「コンテンツ」をいかに検索ヒットさせるかを狙いとしています。

● コンテンツマーケティング誕生の背景

「コンテンツ」については、Section 3『顧客に価値を伝達する「チャネルとコンテンツ」』で、「あなたの企業の商品やサービスの価値を正しく、魅力的に表現する役割」と説明しました。そしてそのコンテンツをマーケティングに活用する戦略が、「コンテンツマーケティング」です。コンテンツマーケティングが日本で話題になったのは2014年頃です。現在、その概念は定着し、特別なキーワードとして取り上げられることは少なくなりました。コンテンツマーケティングの国内での盛り上がりから、定着までの背景を振り返ってみましょう。

日本でコンテンツマーケティングが盛り上がった2014年〜2015年は、スマートフォンが普及し、SNSが活発に利用されはじめた頃でした。デバイスの進化と多様なチャネルが普及し、Section5で紹介したインターネット広告も盛んに使われた時代です。情報の受信者である顧客は、自身の生活の中で急激に増加する情報の波に耐えられず、多過ぎる情報に

嫌悪感を覚えはじめていました。そして、自身を取り巻く情報を取捨選択し、興味関心外の情報をシャットアウトするようになりました。同様に、企業が発信する広告も、例外なくシャットアウトの対象となってしまったのです。

企業はこの状況を理解し、溢れる情報の中で、顧客に接触する一瞬を捉えるべく、より顧客の興味関心を捉えるコンテンツ開発に注力しました。加えて、ユーザーの情報探索に対し、自社のコンテンツが検索結果の上位に表示されるように、コンテンツの品質やサイトの構成変更を試行錯誤したのです。この検索行動への対応を、検索エンジン最適化（SEO：Search Engine Optimization）と呼びます。コンテンツマーケティング全盛期のSEOは、主にGoogleでの検索順位をいかに上位に押し上げるかに注力されてきました。したがって、Googleの検索アルゴリズムを解明し、自サイトのページランクを高めるために、ペラサイト（1ページだけで完結する

シンプルなサイト）を機械的に量産し、そこに自サイトのURLを意図的に掲載するような、いわゆるブラックハットSEOが横行しました。しかし、Google側

も対策を行い、現在このような意図的な検索順位の操作は不可能であると言われています。

● コンテンツSEO

　では、現在のコンテンツマーケティングにおいて、Googleなどの検索結果の上位に表示するには、どのような対応を行えば良いのでしょうか。一般的に大手の検索サイトは、「検索ユーザーにとって有益な情報を提供する」「検索エンジンにとって、わかりやすいサイトである」の2点を重視していると言われています **01** 。したがって、コンテンツマーケティングの戦略としても、検索エンジンの作法に則り、質の高いオリジナルコンテンツを制作し続ける「コンテンツSEO」の取り組みが、検索順位を上げる近道となります。

---

01 コンテンツSEO

コンテンツSEOのポイント

①ユーザーにとって
有益な情報を提供している

②検索エンジンにとって
わかりやすい

ここでポイントになるのが、「ユーザーにとって有益な情報とは何か？」です。企業の商品やサービスは、万人にとって有益な設計が行われているわけではありません。ある特定のユーザーの興味関心や、困りごとの解決を目指して設計されているはずです。その特定のユーザーからの、検索行動に合わせてコンテンツを準備するのがコンテンツSEOの重要な役割です。

ユーザーの検索行動を知る方法として、GoogleやYahoo!などの無料ツールで検索キーワードごとの人気度の傾向があります。また、有償のツールでは、検索の傾向だけでなく、検索順位予想や競合との比較などを提供するサービスもあります。しかし、コンテンツマーケティングを成功させるためには、自社の商品・サービスの強みとユーザーの興味関心・困りごとの解決を埋める、ベストマッチのキーワードを導き出すことが重要です。そこで、自社の商品・サービスのターゲットとなるユーザーが、どのような興味関心や困りごとを抱えているかを、アンケート調査などを行うことが一般的です。アンケートは自社の顧客リストがあれば、それを使うことが望ましいですが、ない場合はパネルを持っている有償のアンケートサービスもあるので、そちらを活用することも可能です。

アンケートの他に、SNSやニュースサイトなどでどのようなキーワードが話題に上っているかを検索するサービスも提供されています（ソーシャルリスニングやWebクローラーと呼ばれています）。例えば、トライバルメディアハウスが提供するソーシャルリスニングツール「Boom Research」では、Twitterやブログなど主要なSNSサイトの口コミデータを集め、データに含まれるキーワードの出現トレンドを

02 ソーシャルリスニングツールの例（トライバルメディアハウス　Boom Resarch）

出典：トライバルメディアハウス

ダッシュボードで確認することができます。また、キーワードとセットで投稿されている画像ファイルを収集する機能もあるため、テキストでは知ることのできない、商品やサービスの利用シーンに触れることも可能です 02 。

● 継続的に良質のコンテンツを生み出すには

検索エンジンに企業のコンテンツを「有益である」と評価してもらうためには、コンテンツの内容が優れていることも必要ですが、新鮮なコンテンツが提供されていることも重要なポイントです。したがって、サイト上に継続して新しいコンテンツが公開されるプロセスづくりが求められます。

この継続的なコンテンツを生み出すプロセスに適しているのは「ブログ」です。ブログは、システムの開発に専門知識を必要とせず、企業のコンテンツ担当でも作成することができます（もちろん、専門家が執筆することもあります）。また、コンテンツのテーマも自由に決定できますし、同種テーマのブログを1つにまとめて掲載することも得意です。ブログのメリットはほかにもあります。SNSのタイムラインと異なり、ブログはストックすることにも向いていて、他のサイトへリンクを貼ることもできます。

03 ブログコンテンツの例（カゴメ　VEGEDAY）

出典：カゴメ

このように、1つのテーマを独立してブログ化して、オウンドメディアや外部サイトに参照コンテンツを提供している例が、食品メーカーであるカゴメの「VEGEDAY」です。トマトや緑黄色野菜を使った商品を多く提供しているカゴメは、野菜自体の調理や保存の方法をブログ化して、他のオウンドメディアとは別サイトとして運営しています。このブログコンテンツでは、商品の紹介や広告の要素は一切なく、純粋に野菜の情報を必要とする検索ユーザーに対し、有益な情報を提供しています。そして、このVEGEDAYと同社のオウンドメディア間にリンクを構築することで、他のオウンドメディアの有益度を高め、コンテンツSEOにも貢献するのです **03** 。

● 戦略的広報・PRの重要性

広報・PRのテーマは、厳密には、コンテンツマーケティングのSectionで語るべきでないのかもしれません。企業広報といえば、企業の業績や人事、新商品・サービスなどのトピックをニュース発信することをイメージされると思います。このニュース発信は、企業主導で行うため、オウンドメディアと位置づけることできます。しかも、通常一度発信したニュースは削除されることなく、企業のWebサイトに「ストック」として残り続けます。このストック場所を活かし、関連する他のオウンドメディアへのリンクを貼ることにより、ページ相互の有益度が高まります。さらに、ここを発信起点として、外部のニュースサイトへ取り上げられたり、SNSなどに展開することも可能です。ここまでくると、企業広報が戦略的なコンテンツマーケティングの一翼を担っていることがおわかりただけるでしょう。そして、「PR」というキーワードも出てきました。PRと聞いてよく使うのは、「自己PR」でしょうか。これはプロモーションの略と思いきや、実は「Public Relations（パブリック・リレーションズ）」の略なのです。米国PR協会の正式な定義では、「組織と社会・公衆との有益な関係づくりのための戦略的コミュニケーション」とされています。そして組織（＝企業）が広く社会・公衆とコミュニケーションを行うためには、メディアの力が必要であり、PRはメディアとの関係構築のための戦略とも考えることができるでしょう。

戦略的広報・PRを進める上で重要なのが、「プレスリリース」です。多くの企業が、自社Webサイトを構築し、トップページに最新のニュースを掲載しています。このプレスリリース自体が、コンテンツのひとつと位置付けることができます **04** 。しかし、Webサイトにプレスリリースを掲載するだけでは、多くの人々の目に触れさせるには不十分でしょう。メディアの関心を惹き、ニュースに取り上げられるには、外部の有料プレスサービス（PR TIMESやアップトプレスなど）や、専門のPR会社を起用し、メディアへ情報提供を行うことになります。このあたりの方法論は、広報・PRの専門書が沢山発刊されていますので、そちらを参照してください。

本Sectionでポイントに挙げておきたいのは、企業が発信するプレスリリースもコンテンツ（オウンドメディア）であるという点です。つまり、他のオウン

ドメディアと同様に、アーンドメディア・ペイドメディアと連携し、検索エンジンを意識したコンテンツ内容とすることによって、デジタルマーケティングの武器となるのです。しかも、プレスリリースから発信される情報は、企業の公式な発信です。信頼性が高いこの情報は、外部ニュースに取り上げられ、SNSで拡散されやすいという性質を持っています。そして、第三者が拡散するそれらの情報は、企業からの一方的な発信ではない、「信頼できる他者推奨」であることから、より情報の受信者の理解を得やすいと言えるでしょう。

04 プレスリリースの活用

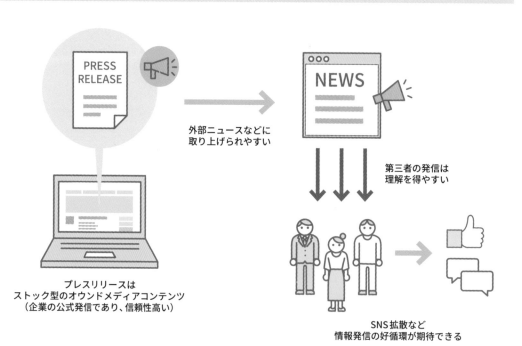

外部ニュースなどに
取り上げられやすい

第三者の発信は
理解を得やすい

プレスリリースは
ストック型のオウンドメディアコンテンツ
（企業の公式発信であり、信頼性高い）

SNS拡散など
情報発信の好循環が期待できる

7 ネットとリアルの融合「OMO」

ECが急速に普及していますが、振り返ってみると日常の買物の多くは、依然リアル店舗での購買が大半です。しかし、デジタル化の波はこのリアル店舗にも押し寄せてきています。店舗での買い物体験では、リアルの行動にデジタルが境目なく浸透し始めているのです。

●「モノ」から「コト」に移行したEC取引

Section7のテーマは、「EC」です。コロナ禍を経て消費者の価値観が変わったのが、このECでしょう。そして、日常に戻りつつある昨今、このECを取り巻く取引もさらに変化しようとしています。

01 は経済産業省電子商取引実態調査の2005年から2021年までの推移です。2005年に3兆円だった国内のEC取引額は順調に拡大し、2021年には20兆円を突破しました。この拡大に大きく寄与してきたのが、Amazonをはじめ楽天、Yahoo!といった大手ECプラットフォームのモール型ECサイトです。

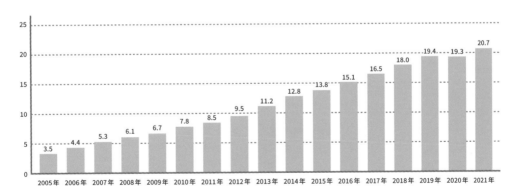

01 国内 BtoC EC市場規模の経年推移（単位：兆円）

出典：経済産業省『電子商取引実態調査』

このECの拡大を、リアル店舗を持つ国内流通各社も黙って見ているわけにはいきません。書籍・音楽などのメディア産業、家電、アパレルなどを筆頭に、店舗系事業者がECサイトを持ち、ECを中心とするオンラインと、店舗を中心とするリアルの、双方が持つデータを一元化し、どちらのチャネルでも同じ購買体験ができる、「オムニチャネル化」が進められました。さらにこのオムニチャネルが進化し、オンラインとリアルの双方の区別がない購買の場を構築する

という考え方、OMO（Online Merges with Offline）が登場します **02** 。OMOでは、オムニチャネル化で進められた購買の場の一元化を超え、リアルの購買でもオンラインにつながっていることが前提となります。そして、オンライン・リアルを併せ、顧客とのすべての接点から得られるデータを活用し、さらに顧客の興味関心を満たし困りごとを解決するべく、新たなマーケティング施策が生み出されるのです。

02 OMO

このOMOもコロナ禍において状況は一変しました。行動制限を受けた消費者は、店舗への訪問を避け、あらゆる購買をネット経由に頼らざるを得なくなりました。この極端にオンラインにシフトした時期を境界線に、OMOの購買体験はさらに磨きがかかります。ハンバーガーチェーンのマクドナルドではモバイルオーダーが普及し、店舗に着席しながらでもスマートフォンから注文と決済を行い、店員が席まで届けてくれるという体験をつくり上げました。スーパーマーケットのマルエツ（ユナイテッド・スーパーマーケット・ホールディングス）では、自身のスマートフォンにより商品バーコードをスキャンする「Scan&Go」で、レジに並ぶことなく決済を一瞬で終えることを可能にしました 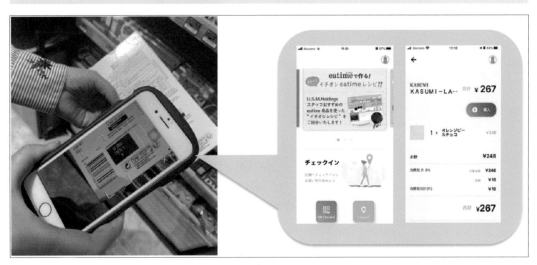。また、JR高輪ゲートウェイ駅にオープンした「TOUCH TO GO」を筆頭として、無人店舗も増加しています。

そのほか、医者で診察を受けた後に薬を受け取る調剤薬局でも、オンラインの体験を取り入れています。各調剤薬局で専用のスマートフォンアプリを提供し、アプリから各種情報発信するだけでなく、お薬手帳の機能も持っています。調剤された薬は、連携されダイレクトにお薬手帳に反映されます。また、dポイントや楽天ポイントなど、各種ポイントサービスと連携する調剤薬局も登場しています。

03　セルフスキャン型決済の普及（マルエツ　Scan&GO）

※店舗で購入したい商品のバーコードをアプリで読み取ることで商品が購入リストに登録され、レジに並ばずに簡単に決済ができます。

出典：流通ニュース 2020年5月29日付け　USMH／レジに並ばないスマホ決済「Scan & Go」導入拡大
https://www.ryutsuu.biz/it/m052923.html

●「誰でもEC事業者になれる時代」D2Cの広まり

コロナ禍の行動制限は、ECにおける新たなソフトウェアプラットフォームも生み出しています。2004年にカナダで創業されたShopify（ショピファイ）は、サイトデザインの簡便性と低コストが受け、コロナ禍の行動制限下においてリアル店舗の代替として世界的に爆発的に利用されたECプラットフォームです。国内では類似のカート型ECと呼ばれるサービスであるBASE（ベイス）も人気です。このカート型ECサービスが起爆剤となり、従来型のEC構築ソフトウェアも合わせ、「誰でもEC事業者になれる時代」が到来しました。

そして、ECを新たな体験チャネルと位置付け、メーカーが消費者に直接EC販売を行うD2C（Direct to Consumer）という形態も登場しました。若者をはじめとする特定の層に響く化粧品・アパレル・雑貨などを、巧みなSNS発信と組み合わせて販売する形態や、産地直送のお取り寄せ専用サイトなどが、消費者の注目を集め販売を拡大しました。また、大手メーカーも、自社の強みを活かしつつも、顧客に対して「新たな体験提供の場」としてD2C専用商品を開発しています。食品メーカーのMizkan（ミツカン）が、D2C専用ブランド「ZENB（ゼンブ）」を2019年に立ち上げている他、食品や日用品、文具、化粧品、雑貨など多数のD2Cブランドサイトが立ち上がっています **04** 。

04 D2Cの例（ZENB）

出典：PR TIMES 2020年11月20日付け
https://prtimes.jp/main/html/rd/p/000000010.000065533.html

●「売らない店舗」の登場

D2Cブランドの多くは、店舗を持たずECチャネルオンリーでビジネスを展開します。しかし、消費者に「OMO」の意識が定着した現在では、スクリーン上の画像・動画・テキストだけでは商品を訴求しきれず、「実際の商品を手に取って実感してもらいたい」というニーズが、D2C事業者だけでなく顧客側からも生まれます。そんなニーズに応えたのが「売らない店舗」の登場です。

有楽町と新宿に2000年8月にオープンした「b8ta」は、店舗内の区画(都心店で1区間：60×40cm程度)をD2Cブランドと期間契約し、商品の実体験の場として提供しています。D2Cブランドは月額の出品料を支払い、店舗運営の人員や在庫管理、物流などのサポートを受けることができます。また、店舗の天井などからのカメラを通じて、来店者が店内で自社の商品をどのように体験したかといったデータを入手することも可能です 。

「売らない店舗」は、b8taの他、丸井グループや大丸 東京のショールーミングスペース「明日見世」、西武渋谷店の「CHOOSEBASE SHIBUYA」、髙島屋新宿店のショールーミングストア「Meetz STORE」など大手百貨店が続々と出店しています。店舗で商品を確認し、後日ECで購入する「ショールーミング」と呼ばれる購買は、コロナ禍以前から消費者側の行動として起こっていました。しかし、コロナ禍で苦境に立たされた百貨店などリアル店舗の生き残り策として、「売らない店舗」は販売事業者側からのショールーミングの場の提供という新しいビジネスモデルを生み出しました。

05　売らない店舗「b8ta」

出典：ベータ・ジャパン

進化を続ける 次世代型デジタルマーケティング

デジタル技術は日々進化を続けます。社会を変える可能性を持ったテクノロジーのいくつかは、その名のインパクトだけでなく、実用化の域に入りつつあります。デジタルマーケティングも先進技術を積極的に活用し、「次世代型」へと進化を遂げようとしています。

● AIとデジタルマーケティング

デジタル技術は日々進歩しており、毎日のように新しいテクノロジーのニュースが新聞紙面を賑わせています。ここで少し近未来に目を向けて、デジタルマーケティングでこれから主流になっていくであろう、次世代のテクノロジーをいくつかピックアップしてご紹介します。筆者の所属するITの調査会社であるアイ・ティ・アールでは、日々新しいテクノロジーに関する調査を行っています。さまざまなITの製品やサービスが続々登場するものの、中には「まだまだ先の技術だな」と思うものもたくさんあります。ここでは、具体的な活用事例も交え、「実用化し始めているぞ」というテクノロジーの例を紹介しようと思います。

まずはAIです。この1〜2年で本当にAIが身近な存在になりました。AIの大きな進歩の裏には、AIの機能である機械学習の実用度が増したことが要因として挙げられます。機械学習のエンジンがパッケージ化され、用途に応じてITサービスとして提供され

ています。例えば、テキスト文書の自然言語解析エンジン、画像解析エンジン、音声認識エンジンなどです。デジタルマーケティングで提供される支援ツールでも、これらの機械学習エンジンを搭載したものが多くなっています。MA（マーケティングオートメーション）では、顧客の意識や行動を解析するための行動データ解析にAIが用いられ、SNSに投稿された画像やテキストの解析でも自然言語解析が活用されています。店舗運営を効率化するためのロボットの動作にもAIは欠かせません。AIは、日常生活やビジネスシーンで使われているデジタルデバイスの陰で、顧客体験を高めることに貢献しているのです。

具体的に企業が取り組む画像認識の先進事例を紹介します。これまでセキュリティ認証などで利用されいた画像認識は、その機能が進化し、化粧品メーカーでは肌の状態を解析してカウンセリングに活用するサービスが登場しています。

資生堂は、非接触で肌内部の状態を測定する

出典：資生堂

「Beauty Alive Circulation Check（ビューティー・アライブ・サーキュレーションチェック）」を開発し、同社の美容部員が配置されている各店舗で測定サービスを展開しています 01 。AIとセンサー搭載のスマートミラーにて、肌の状態を検知し、輝き・ハリ・弾力をスコア化するのだそうです。もちろん、肌の状態に応じて、最適な化粧品をAIがレコメンドしてくれます。

　AIのデジタルマーケティングへの活用事例をもうひとつ、紹介します。今度は音声認識です。国立研究開発法人産業技術総合研究所（産総研）発のベンチャー Hmcomm は、音声処理技術を基盤として、コールセンターの自動応答や会議議事録の自動作成などのソリューションを提供してきました。そして音声認識の技術を発展させ、機械や生物が発する正常ではない音である「異音」を検知するソリューションを開発しました。製造機械の故障予知や、パイプラインの詰まり検知、おもしろい活用方法としては養豚での豚の咳を検知することもできるとか。マーケティングでの活用例は、デジタルサイネージの前を通過する足音を聞き分けて、通過人数や歩行速度の変化などから、広告効果の測定を行うことができるそうです 02 。

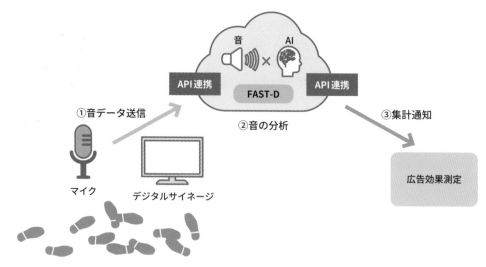

出典：Hmcomm

●IoTデバイスの普及

　AIと並んで、よく耳にするデジタルキーワードが「IoT」ではないでしょうか。家電製品のインターネットへの接続は既にご紹介しましたが、センサー技術の進歩と併せ、新しい活用方法が続々と誕生しています。

　Section 2で紹介したIoT家電やコネクテッドカーの他にも、新しいIoTの取り組みが進められています。IoTの先進活用領域のひとつが「睡眠」です。スリープテックとも呼ばれています。センサーを利用して、体動や呼吸、心拍数、いびき音、体温、寝床内の温度、脳波、筋電など、さまざまなデータを収集し、睡眠の状態を計測・可視化します。NTT東日本は、睡眠コンサルティングやITを活用したサービスを提供する

ブレインスリープと共同で脳波センサー、ドップラーセンサー、環境センサーなどを活用し、センシングによって、一人ひとりの最適な仮眠時間および覚醒タイミングを特定し、スムーズな目覚めを促すための技術検証を実施しています。また、寝具メーカーの西川はショールームに、全身の形状を把握する3Dスキャンや、寝たときの体圧を測定できるセンサーなどを設置し、身体の特徴に合った寝具選びを支援しています 03 。長く使う寝具ですから、顧客は自分に合ったものを選びたいというニーズがあります。テクノロジーを活用し、理解と共感を深めることは、強力に販売の後押しをすることとなるでしょう。

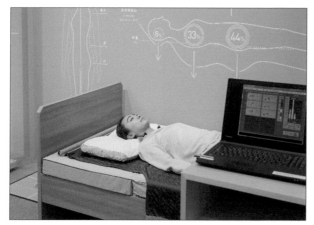

出典：西川

●ARの活用

テクノロジーを活用したデジタルマーケティングの事例として、AR（拡張現実：Augmented Reality）の事例を紹介します。現実と仮想の世界を融合して疑似体験を提供する空間をつくり出す技術を総称して「XR（Cross Reality）」と呼ばれていますが、ARもXRの一種です。よく聞く他のキーワードとしてVR（仮想現実：Virtual Reality）がありますが、VRが専用のゴーグルはヘッドマウントディスプレイを装着し、仮想の中に没入するのに対し、ARはスマートフォンのカメラ越しに見る現実世界の上にCGやテキストなどを組み合わせてつくり出した「拡張世界」です。

ARをマーケティングに実用している例としては、靴のフィッティングを支援するFlicFitが事業を展開しています **04**。同社は、靴内部の3Dスキャン技術を用い、フィッティング対象の靴データを蓄積しています。そして、AR技術を用い、仮想空間で靴の試着を行い、デザインなどを確認の上、足サイズのスキャンデータとマッチングし、フィッティングを行います。羽田空港第一ターミナルには1坪サイズの無人店舗を設置し、靴メーカーのD2Cを後押ししています。靴や服などはECで販売する際、サイズが確認できないという課題を抱えていました。FlicFitは、外観のイメージ確認だけでなく、商品内部の3Dスキャンも行うことで、フィッティングの精度を高め、ECでの販売を後押しすることができたのです。

<体験イメージ>

※体験写真（川崎ルフロン　プレオープン時写真）

出典：Flicfit　ニュースリリース　上：2020年12月16日付け　下：2021年4月7日付け
https://flicfit.com/news/#pp5

Part.1

Part.
2

お客様の心をデジタルで捉えるコツ

1 溢れる情報と選ばない消費者

私たちは生活の中で、四六時中何らかの情報に接触しています。デジタル化に慣れた消費者は、巧みに不要な情報をシャットアウトし、必要な情報だけを選びます。デジタルマーケティングでは、ニーズや課題を抱えた顧客を見つけ出し、そこに情報を届けることが重要です。

● 溢れる情報と消費者の情報処理能力

　私たちの暮らしは、「情報化社会」と呼ばれています。テレビをはじめ、WebサイトやSNS、駅に行けば大型のポスターやデジタルサイネージ、電車に乗ればドアや窓の上にモニターが設置されています。店頭の商品パッケージも情報の一種です。このように溢れる情報に対して、消費者はどのように感じているのでしょうか？

　博報堂生活総研が公開している生活定点調査に良いと、「情報について、あなたにあてはまるものを教えてください」の問いに「情報は多ければ多いほど良いと思う」と回答した人の割合はわずか12.8%（2022年の調査結果）でした。溢れかえる情報を積極的に受け入れている人は限定的であることがわかります。

　そして、多過ぎる情報は判断処理を妨げるという実験結果があります。米コロンビアビジネススクールのシーナ・アイエンガー教授による、「ジャムの実験」という有名な実験です。24種類と6種類のジャムの陳列販売を行ったところ、売り場への立ち寄り率は24種類が60%であったのに対し、6種類のほうは40%。しかし、購買率はというと、24種類はわずか3%であったのに対し、6種類のほうは30%であったそうです。この実験は、多過ぎる情報は比較行動を複雑にするため顧客の選ぶ行為を妨げてしまうということを実証しています 01 。

● 選ぶ買い物、選ばない買い物

　ジャムの実験では、顧客である消費者にとって「モノを買う際に情報は多過ぎないほうが良い」という示唆をくれました。しかし、どんな買い物の場合でも、情報は多過ぎないほうが良いのでしょうか。必ずしもそうとは言い切れません。買う対象となる商品やサービスによっては、情報がたくさんないと判断に

24種類のジャムを並べた場合

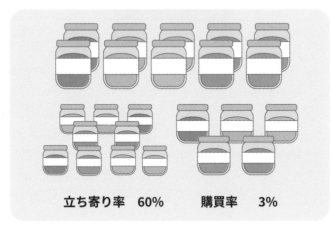

立ち寄り率　60%　　購買率　3%

6種類のジャムを並べた場合

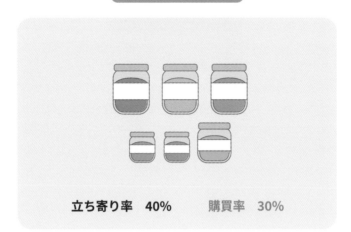

立ち寄り率　40%　　購買率　30%

出典：Sheena Iyengar-The Jam Study

Section 1　溢れる情報と選ばない消費者

困る場合もあるでしょう。

　例えば、かぜ薬を想像してみてください。あなたのかぜの症状によって、熱に効くのか、のどの痛みに効くのか、鼻づまりに効くのか、効果が知りたいはずです。ほかにも、食前なのか食後なのか、眠くなるタイプかなど、服用方法や副作用に関しても情報が必要です。

　このように、消費者は商品・サービスの種類によって、情報収集への意識や行動を使い分ける傾向にあります。売り手である企業は、自社の商品・サービスが消費者の意識の中でどのような位置付けにあるのかを把握した上で、情報提供の戦略を組み立てる必要があるのです。

　商品・サービスのジャンルごとの、消費者の関心や選び方について、博報堂買物研究所は興味深い調査レポートを発行しています。この調査では27のカテゴリーに対して、消費者1,000人の買物行動や買物意識を聴取し、カテゴリーごとの買物の傾向を **02** のようにまとめています。縦軸は消費者の買物へのこだわり、横軸はその買物の選択を自身で行いたいかに分類し、調査回答から該当する象限に商品・サービスのカテゴリーをプロットしています。第一象限は、「関心は高いが、選ぶのはめんどう、誰かにお任せしたい」です。専門性が高く、情報の量や種類もたくさん必要になるものです。保険や金融商品、教育サービス、家電・情報機器などが該当します。第二象限は「関心は薄いし、めんどう、誰かにお任せしたい」です。提供されている商品やサービスの差別性が低く、どれを選んでも大差ないものです。日用雑貨、ボディケア・ヘアケア品、加工食品などがこれにあたります。第三象限は、「関心が高く、自分で選びたい」

です。選ぶプロセス自体が楽しく、意欲的に買い物に関与したくなるカテゴリーです。住宅や自動車、家具などの高額商材、高級文具やこだわりのある雑貨、ファッション、化粧品、書籍・音楽・動画など趣味性の高いものがあてはまります。第四象限は、「関心は薄いが自分で選びたい」です。清涼飲料、アルコール飲料、調味料、生鮮食品など、店頭で商品に接して、そのときの気分などで直感的に手に取るようなカテゴリーが該当します。

　このように、消費者は商品・サービスのカテゴリーごとに意識を変え、選ぶプロセスを使い分けているのです。この消費者の行動バリエーションは、企業からの情報発信戦略のヒントになります。自社の商品が、どのカテゴリーに属しているかを認識し、消費者の意識と行動に合わせて情報発信の密度や頻度、表現方法を合わせるのです。デジタルマーケティングは、このような情報発信のアレンジを行いやすく、消費者の反応に応じて容易に微調整することができます。例えば、第一象限であれば、「納得のいく的確な比較」が重要です。検索行動に対して、的確なレコメンドを検索結果として提供します。オウンドメディアに、比較記事などを用意し自社の商品・サービスと競合との違いをわかりやすく説明すると良いでしょう。

　第二象限は「多くを語らない信頼できるおすすめ」が求められそうです。こちらも第一象限と同じく、理解形成型のコンテンツが有効ではあるのですが、「難しいことは抜きにして、要はどれを選べば良いのか？」というニーズに素早く答える必要があります。わかりやすいキャッチコピーをビジュアル表現とともに発信するのが望ましいです。ビジュアルの中で、信頼できる人物（有識者や社内の技術者）やキャラク

好き・こだわる

❶ 関心は高いが
選ぶのはめんどう
（保険・金融商品、教育サービスなど）

理解を深める
わかりやすい
説明・比較

❸ 関心が高い
自分で選びたい
（住宅、家具、雑貨、ファッションなど）

ビジュアル表現や
リアルに近い
おもてなし

選ばない
お任せしたい

選びたい

信頼できる
お墨付き

❷ 関心は薄い
選ぶのはめんどう
（日用雑貨、ボディケア、加工食品など）

❹ 関心は薄い
自分で選びたい
（清涼飲料、調味料、生鮮食品など）

一瞬のチャンスを
逃さない、わかりや
すいメリット

OFF **SALE**

何でもいい・直感的

出典：博報堂買物研究所資料を基に筆者が作成

ターを登場させて代弁してもらうのも、この第二象限の特徴でしょう。また、第三象限では、「選ぶ楽しさを演出する徹底的なおもてなし」が効果を発揮しそうです。ここは、徹底的に楽しさを演出するのが良いでしょう。画像・動画をはじめ、ビジュアルを重視される象限です。ときにはリアルに近い体験も交えると効果的です。チャットやオンライン接客など、対面に近い情報提供も有効であると思います。そし

て、第四象限は、「一瞬のチャンスを逃さない、五感への訴求」が良いのではないでしょうか。店頭でのマーケティングであれば、商品パッケージやPOPなどが有効となる象限です。それを考えると、情報接触から購買までの間隔が短いことが、成功のポイントと言えます。例えば、EC購買に誘導するメールマガジンで、タイムセール的な要素を盛り込むような方法が考えられます。

● 置かれた状況でも情報の取捨選択方法は異なる

先の博報堂買物研究所の調査結果では、買う商品のジャンルによって、選択のお任せ度や必要とする情報の種類をパターン化することができました。しかし、みなさん自身の買い物を振り返ってみて「ちょっと違うかも」と感じられた方もいるのではないでしょうか。調査結果では、その商品・サービスの代表的なシーンを捉えているに過ぎず、置かれた状況によっては商品・サービスの役割が異なり、必要となる情報も変わってくるはずです。

例えば、レストランを予約するシーンをイメージしてみてください。先の調査の象限分けでは、レストランの予約はどの象限に該当するでしょうか？

カップルや夫婦での食事や気心知れた仲間との飲み会ならば「関心が高い、自分で選びたい」第三象限に当たるでしょう。しかし、会社の失敗できない接待の席ではどうでしょうか。店の雰囲気や、料理などを、詳しく紹介してくれるWebサイトが求められるのではないでしょうか。つまり、第一象限と言えます。また、子供連れのドライブでの食事はどうでしょうか。車を止めることができて、子供がいても大丈夫なレストランが必要です。予約を行うことなく、ファストフード店のドライブスルーがあれば、即決ではないでしょうか。つまり、第四象限に当てはまります **03**。

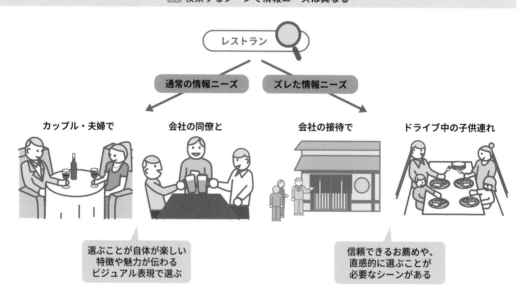

03 検索するシーンで情報ニーズは異なる

レストラン

通常の情報ニーズ　　　ズレた情報ニーズ

カップル・夫婦で　　会社の同僚と　　　会社の接待で　　ドライブ中の子供連れ

選ぶことが自体が楽しい
特徴や魅力が伝わる
ビジュアル表現で選ぶ

信頼できるお薦めや、
直感的に選ぶことが
必要なシーンがある

このように、一人ひとりの置かれた状況や、その
ときの感情などによって、求める情報は異なること
がわかります。対面の接客では、顧客の問い合わせ
に対して会話のキャッチボールを重ねることにより、
正しいニーズに応えることが可能です。しかしデジ
タルマーケティングでは、スクリーン越しでしか顧
客の問い合わせには応対できません。しかも、デジ
タル上では顧客がその応対に対して、多大な時間を
割いてくれることも期待できません。負担を感じな
い程度の操作で、情報に辿り着くことが重要です。

先ほどのレストランの検索行動から、解決のヒン
トを考えてみましょう。実は、題材としてレストラ
ンを選んだのには意味があるのです。食べログ、ぐ

るなびなど、飲食店検索ポータルでは、このような
シーンに合わせて、ユーザーのニーズに合わせた条
件を細かく設定して検索することが可能です。自社
の商品・サービスに対して通常パターンの情報ニー
ズと、通常パターンからズレた情報ニーズの両方に
対応するヒントが込められています。

一人ひとりの異なる要望に対して、無限のパター
ンをデジタル上に準備することは不可能ですが、あ
る程度パターン化したニーズを、顧客の情報アクセ
スの導線上にあらかじめ準備しておくことは可能で
す 04 。そして、あらかじめ準備しておくパターン
の精度を高めることが、デジタルマーケティング成
功の鍵と言えるでしょう。

04 情報提供のパターンをあらかじめ用意する（食べログの例）

2 変化を強いられる広告手法

デジタルマーケティングで活用されるWeb広告ですが、情報が溢れ返る環境下では、一歩使い方を間違えると
ユーザーの不評を買う恐れがあります。消費者にとって有益な広告とは、どのような点に気を付け、どのよう
に出稿すれば良いのか、確認していきましょう。

● 忌避されるターゲティング広告

Part.1で紹介した広告の考え方や使われ方の変化
について、説明を加えたいと思います。カスタマー
ジャーニーの、認知獲得、興味喚起といった、企業の
顧客との出会いや、出会った後に関係を深めるフェー
ズにおいて、広告は有効な手段であると述べてきま
した。しかし、情報が溢れ、選ぶことに新たな「スキ
ル」を持った消費者は、広告に対してもその取捨選択
に厳しい基準を設けるようになっています。

ネオマーケティング社は2021年10月に、「広告
に関するトラッキングをどう思うか」と題して、ター
ゲティング広告に対する消費者の反応を調査してい
ます **01** 。この調査によれば、ターゲティング広告
に対し不快な印象を持つ消費者は半数以上（54%）を

占め、便利と考えている消費者（16%）を大きく上回
る結果が出ています。

そして、消費者のターゲティング広告への「防衛反
応」も調査結果で明らかになっています。Webサイ
トを利用する消費者は、時間を経て別のサイトで自
身が過去に検索したり購入したりしたモノの広告が
表示されることを予期していません。ネオマーケティ
ング社の調査結果では、広告の「×」を押して閉じる
と回答した（よく行う、たまに行う）割合は67%に上
るという結果でした。トラッキング（追跡型）と呼ば
れる広告手法が、多くのシーンで消費者から受け入
れられていないということがわかります。

● ターゲティング広告手法へ押し寄せる規制の波

ターゲティング広告の配信には、Webサイト検索
を行う消費者のPC内のブラウザに閲覧履歴として保

存されるCookie（クッキー）と呼ばれるファイルが
用いられます。本来このCookieは、再来訪の際の閲

覧速度（パフォーマンス）を向上させるなどの目的で蓄積されています。しかし、デジタルマーケティングではそれを応用し、同一Webページへの来訪の有無の判定に活用されます。

また、この来訪履歴は自社Webサイトだけでなく、第三者が運営する外部のWebサイトにおいても収集されています。広告事業者はこの来訪履歴をサードパーティーCookieとして蓄積し、来訪者のブラウザのIDと紐付け、ターゲティング広告を配信しているのです。

01 広告における「トラッキング（追跡）」をどう思うか？

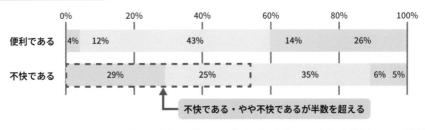

トラッキングに対する印象について

便利である：4% / 12% / 43% / 14% / 26%

不快である：29% / 25% / 35% / 6% / 5%

不快である・やや不快であるが半数を超える

■ とてもそう思う　■ ややそう思う　■ どちらともいえない　■ ややそう思わない　■ そう思わない

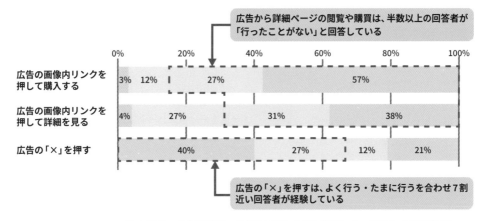

インターネット広告に対するアクションについて

広告から詳細ページの閲覧や購買は、半数以上の回答者が「行ったことがない」と回答している

広告の画像内リンクを押して購入する：3% / 12% / 27% / 57%

広告の画像内リンクを押して詳細を見る：4% / 27% / 31% / 38%

広告の「×」を押す：40% / 27% / 12% / 21%

広告の「×」を押すは、よく行う・たまに行うを合わせ7割近い回答者が経験している

■ よく行う　■ たまに行う　■ ほとんど行ったことがない　■ 一度も行ったことがない

出典：ネオマーケティング調査『広告におけるトラッキングをどう思うか』（2021年10月）の情報を基に筆者が加工

現在この手法には規制の波が押し寄せています。詳しくはPart.4で説明しますが、EUではGDPR（EU一般データ保護規則）と呼ばれる、個人情報取り扱いに関する厳格なルールが定められています。GDPRの基準では、サードパーティーCookieは個人情報であると定められました。これを受けて、AppleやGoogleといったメガプラットフォーマーと呼ばれる事業者は、規制を受け入れ、サードパーティーCookie自体を収集しないという運営ルールの変更を行っているのです 。

02 ターゲティング広告への規制の波

GDPRの規制	Cookieなど、符号化された情報も個人情報の対象

Cookie規制に対するプラットフォーマーの対応

Apple	Webブラウザ「Safari」でのトラッキング防止機能であるITP（Intelligent Tracking Prevention）を実装
Google	WebブラウザChromeでのサードパーティCookie廃止を2024年後半から開始すると表明

● 注力フェーズは「検索・比較、興味関心の喚起」へ

追跡型のターゲティング広告への忌避傾向に対し、企業側も黙って見過ごすわけにはいきません。ターゲティング広告を利用して「認知フェーズ」を重視していた従来の方法を転換して、「検索・比較、興味喚起フェーズ重視」に切り替えが進んでいます。どういうことでしょうか。この手法の変化を図で見てみましょう。マーケティングの接触する顧客ボリュームの推移を、図の形状イメージから「ファネル」と呼びます。ターゲティング広告が主要な手法であった時代では、このファネルの入口である認知獲得フェーズにおいて、ターゲットとなる顧客を待ち受け、興味関心を持つ可能性を持つ顧客だけを絞り込んで、後続の興味喚起から購入に至るフェーズに誘導していました。興味喚起から購買に至るフェーズに、ディスカウントなどのマーケティング費用を投下する前提で、マーケティング費用を効果的に興味関心のある顧客に投下することを重視しています。

しかし、「認知フェーズ重視型」の前提となるターゲティング広告は顧客から忌避される傾向にあり、しかも個人情報保護の規制を受け始めており、手法の転換を求められています。よって、認知フェーズ重視から、ファネルのフェーズを一段階掘り下げ、「検索・比較」や「興味関心の喚起」フェーズでの戦略を重視するパターンが採用されているのです。もちろ

Part.2

ん、「検索・比較」「興味関心の喚起」重視において、広告の利用は欠かせません。しかし、過度のターゲティングを行うことは避け、ディスプレイ広告などを効果的に活用し、検索・比較から興味関心を高めるコンテンツに誘引することが戦略のポイントになります。そして、興味関心を高めるためには、コンテ

ンツ力が鍵を握ります。コンテンツを訪問する前の検索エンジン、SNS、ニュースなどの経路と、来訪したコンテンツとの関係を分析し、顧客のニーズ・課題を明らかにすることで、興味関心の喚起のフェーズから、購買フェーズに進める確率を高めるのです。
03。

03 ターゲティング広告への規制の波

認知フェーズ重視型

認知段階で
ターゲットを
効率的に絞り込む

広告　広告　広告

認知　　　→　　　興味喚起　　　→　　　購入

検索・比較、興味喚起フェーズ重視型

認知段階の間口は広いが、
検索・比較で、見込み度の高い
顧客に選別可能

ニュース　SNS　広告　検索　比較

認知　　→　　検索・比較　　→　　興味喚起　　→　　購入

071

● 顧客の情報導線に寄り添うネイティブアド

検索・比較や興味喚起を重視するマーケティング戦略においても、広告出稿は有効な手段となります。しかしターゲティング広告が忌避される環境下では、消費者に有益と思われる広告が求められます。そして、消費者の情報探索行動に寄り添うように配置される広告が、「ネイティブアド」と呼ばれる広告手法です。

ネイティブアドとは、消費者の興味関心を踏まえた上で、Webサイト上に表示される他のコンテンツと同じ形式で広告を表示する手法です。Part.1で紹介した検索連動広告も、他の検索結果と広告を同じ形式で画面上の表示していることから、ネイティブアドの一種です。その他にSNSのタイムライン上に広告表示（クレジット）付きで表示される「インフィード広告」や、ブログやニュースサイトの記事のフッターに表示される「レコメンドウィジェット広告」な

ど、さまざまなネイティブアドの手法があります **04**。

ネイティブアドは、情報検索の結果に連動した広告表示ができるのが強みです。したがって、広告が表示されるチャネルの他コンテンツと違和感のない表現方法を取ることが重要です。出稿先のサイトのビジュアル、デザイン、トーンといったコンテンツ特性や、訪問者の属性にマッチすることが好ましく、それらをよく確認しておくと良いでしょう。また、出稿した広告をクリックした後に誘導するページ（ランディングページ）のコンテンツにも注意が必要です。訪問サイト→ネイティブアド→ランディングページで、一貫した情報の流れをつくり、「有益である」と認識されることで、マーケティングの効果をさらに高めることができるのです。

レコメンドウィジェット型

SKY-HI「Be myself, for ourselves」

SKY-HI 新グループ 「MAZZEL」で挑むオウンドメディアの活用

PR キリンビール

注目のクラフトビール　年末年始にこそ体験！

YouTubeマーケ完全マニュアル

街のケーキ店が全国から集客 人件費も稼ぎ出す仰天YouTube 活用

出典：日経クロストレンド

インフィード型

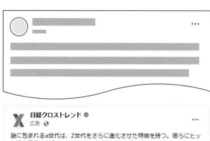

X **日経クロストレンド** ✓
広告・⚙

謎に包まれるα世代は、Z世代をさらに進化させた特徴を持つ。彼らにヒットする商品はどうつくるべきか、3人の識者の話からひもといた。

XTREND.NIKKEI.COM
Z世代の次に来る「α世代」とは　6つの特徴、"タイパ"も進化　[詳しくはこちら]

👍 いいね！　💬 コメントする　↪ シェア

出典：FaceBook

3 顧客の心を捉える鍵は「データ活用」

マスマーケティングと比較し、デジタルを活用したマーケティングは、顧客ニーズをパターン化し、仮説を立てることで、比較的1対1に近い接客が可能です。そして、この仮説の精度向上に欠かせないのがデータです。テクノロジーの活用により、巧みにデータを収集・分析し、マーケティング施策を導き出すことが重要です。

● 顧客ニーズのバリエーションは無限

ここまで、情報の取捨選択に長けた顧客に対し、検索・比較行動に対応し、自社のコンテンツに顧客を引き込む導線が重要とお伝えしてきました。でも、ちょっと待ってください。情報導線の設計の対象となる顧客は無数に存在している上に、それぞれで生活環境や価値観はバラバラです。

例えば、自動車に対するニーズを想像してみましょう。交通網の発達した都心に住んでいる人であれば、ニーズは週末のレジャーや近所のショッピングモール中心と想像できます。高額な駐車場などの維持費を考えると、自動車を所持せず、カーシェアなどで賄うことも考えられます。一方、移動手段の少ない地方の人であれば、生活に自動車は必需品となります。また、世代や運転のニーズによっても車種は分かれるでしょう。ファミリー層、シニア層、ドライブ自体が趣味の人もいるはずです。各属性を掛け算していくと、無限の組み合わせになることがおわかりでしょう。この無限のバリエーションのすべてに、情報の導線を張ることは現実的ではありません 。

● 顧客ニーズをパターン化する

では、どうすれば良いのでしょうか？ みなさんの頭の中でも、商品やサービスのユーザーをイメージしながら、顧客がどのような特徴を持っているかを自分の中で絞り込んでいるのではないでしょうか。その通りです。デジタルマーケティングでは、個々の顧客を興味関心の似かよったグループにまとめて考えるのがポイントです。このグループのことを、セグメントと呼ぶこともあります。先ほどの自動車の例では、車種によるグループ分けでは、安全性や扱いやすさを求める「ファミリー・シニア」セグメント

顧客	年代	性別	子育て		居住地		車好き		...
			有	無	都心	地方	好き	そうでもない	
	40代	男	○			○		○	
	30代	女	○			○		○	
	20代	男		○	○		○		
	60代	女		○		○		○	
・									
・									
・									

Section3 顧客の心を捉える鍵は「データ活用」

や、運転することが好きな「車好き」セグメントなど が考えられるでしょう。このそれぞれのセグメント に対し、興味関心の高い情報をコンテンツ化し、セグ メントごとに高頻度で接触するチャネルを選び出し て、情報導線をパターン化し、仮説とするのです。

そして、立案された仮説の精度を高める作業を行 います。デジタルマーケティングの優れているとこ ろは、この仮説精度を高める作業にあると言っても 過言ではありません。デジタル施策は、安価に複数 の施策を作り、それを組み合わせて活用することが

可能です。そして、各施策の結果は数字で確認することができます。新型の自動車をマーケティングする例でイメージを深めてみましょう。この新型車の売りは、「安全性能の高さ」です。ブレーキの踏み間違いなどの事故が多発していることから、ターゲットはシニアの安全志向が高いドライバーがよさそうです。そこで、シニア層がよく閲覧するブログやニュースサイトにネイティブアドを出稿してみましょう。車を運転して、シニアが興味のありそうな旅行関連のテーマが良さそうです。オウンドメディアにも、車で出かける安全で快適な旅のコンテンツを制作しました。そして、ランディングページは安全性能を訴求した新型車の特別サイトです。

デジタルマーケティングでは、このような仮説を持ったWebページの導線の各所で、流入数などの結果を計測し、結果の思わしくないパーツを組み替え、再度計測を繰り返します。例えば、旅をテーマにしたブログサイトに出稿したネイティブアドの反応が芳しくなかったとして、ブログサイトのネイティブアド出稿を取りやめ、Youtube広告に切り替えたところ、ランディングページへの流入数が増加した、といったような組み換えを行います。ランディングページもYoutubeに親和性の高い動画コンテンツに差し替え、資料請求などコンバージョン行動にもつながる、などの仮説検証サイクルを何周も回すことが重要なのです。 **02** 。

02 顧客行動の仮説検証サイクルの例

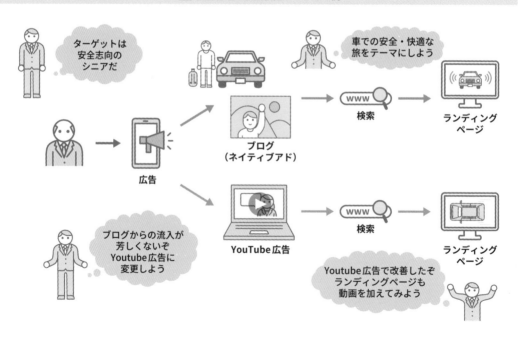

ターゲットは
安全志向の
シニアだ

車での安全・快適な
旅をテーマにしよう

ブログ
（ネイティブアド）

検索

ランディング
ページ

広告

ブログからの流入が
芳しくないぞ
Youtube広告に
変更しよう

YouTube広告

検索

ランディング
ページ

Youtube広告で改善したぞ
ランディングページも
動画を加えてみよう

● 行動をデータで計測する

先のシニアをターゲットとした、新型自動車のマーケティング例では、公開と改善の繰り返しの中で、広告・ブログ・Webページそれぞれの「流入数」にて評価を行いました。このように、デジタルマーケティングではアクセスの履歴を蓄積し、流入数をデータとして活用することが可能です。

また、検索する際に利用するChromeやSafariといったインターネットブラウザが持つ固有の識別子ごとに、流入数のデータを集計することができます。そして、どのくらいの時間そのページに滞在したか（滞在時間）や、1回の来訪で何ページを見て回ったか（回遊率）などを指標とします。Webページにおける代表的なアクセス解析指標には **03** のようなものがあります。さらに、アクセス解析では流入のきっかけとなる検索キーワードや、前後に遷移するWebページのURLを知ることができます。アクセス解析は通常、専用のツールを盛りいて行われ、その中には、Webページのどこまでスクロールされたか、どの部分で滞留時間が長いかといった計測を行うことができるものもあります **04** 。これらの組み合わせにより、顧客の興味関心を類推することが可能となるのです。

03 代表的なアクセス解析指標

主なアクセス解析指標	指標の説明
ページビュー（PV）	Webサイトのページが表示された数
ユニークユーザー（UU）	Webサイトに何人訪問したかの正味のユーザー数
セッション数	Webサイトに何回のアクセスがあったかを表す数値
滞在時間	Webサイトに来訪してとどまった時間の合計
回遊率	Webサイトへの1セッション当たり、何ページを見て回ったかの割合
直帰率	Webサイトの最初に訪れたページを見た後、他のページに回遊せず、そのままサイトを離れるセッションの割合
コンバージョン率	Webサイト上で目的とする行動（会員登録や資料請求、ECの購買など）に至った割合

終了エリア分析

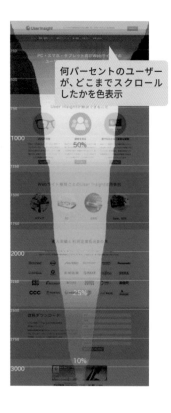

何パーセントのユーザーが、どこまでスクロールしたかを色表示

熟読エリア分析

どこがよく閲覧されているかを、マウスポインターの動きから識別

クリックエリア分析

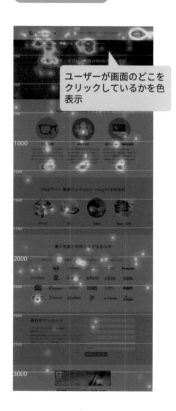

ユーザーが画面のどこをクリックしているかを色表示

出典：UserInsight「ヒートマップ分析の使い方」
https://ui.userlocal.jp/document/howtouse/

　これらのツールを活用することで、Webサイト上の頻度が高い行動パターンが見えてきます。例えば、別々の複数人のユーザーが訪問時に同じページを回遊するパターンが見つかれば、ページごとの情報に何らかの因果関係があると仮説形成することができます。例えば、分譲マンションを紹介するWebページの訪問者が、前後にベビー用品のWebページを閲覧していれば、「子どもが生まれるタイミングで、将来を考えマンション購入を考えよう」というニーズが推測できるでしょう

訪問者の目的を深掘りするために、アクションを促すWeb操作を意図的に仕込む

スクロール

この例のような、情報探索の目的を把握するためには、Webサイト上には意図的に行動を深掘りさせるアクションを促すWeb操作を仕込むことが行われます 05 。よく用いられるのが、資料ダウンロードやメルマガ配信です。BtoBビジネスや、BtoCでも家や自動車などの高額商材を扱うビジネスでは、この手法がよく採用されます。会員登録などを条件に、顧客へ有益な情報や、ポイント付与、ディスカウントなどのインセンティブを提供します。また、ECサイトのお気に入りに代表されるような比較行動にも、

顧客の行動パターーンを知るヒントが含まれています。お気に入りに入れた時点で、すでにその商品カテゴリには興味を持っていることがわかりますし、比較のために同時にお気に入りに投入された競合商品を把握できれば、顧客がどこを評価ポイントとしているかを知るヒントになり得ます。

このようにWebサイトは、単に商品やサービスの情報を発信する目的だけでなく、顧客の意識を読み解くためのデータ収集の役割も担っているのです。

4 データで「意識の変化」を可視化する

データを活用して顧客の意識を可視化する方法について、先行して成功を収めている事例から学んでみましょう。複数のチャネルのどの組み合わせが有効であったかを可視化し、施策の組み換えを試行錯誤していくことが、デジタルマーケティング成功への近道と言えます。

● データ収集は仮説を持ち戦略的に行う

デジタルマーケティングで、顧客のニーズを知るために重要な「データ」ですが、ただ集めるだけでは、ニーズの発見までには至らないことが多いでしょう。「何を明らかにしたいのか」の作戦を立ててから、収集に臨むことが重要です。「たぶん、お客様はこういう機能が欲しいのではないか？」「お客様に響くのは、こういうメッセージが良いのではないか？」といった仮説を立案し、その仮説を検証するためにデータを集めるのです。そのためには、データの収集源を戦略的に自らで構築することも必要です。

実際の事例を挙げて解説していきましょう。1つ目は、東京の丸の内にあるコワーキングスペース「point 0 marunouchi」です **01**。空調メーカーのダイキン工業を中心に、オカムラ、東京海上、三井物産、ライオンの5社が、理想のオフィス空間実現に向けた実証実験の場として2019年に開設しました。

01 コワーキングスペース「point 0 marunouchi」

出典：point 0 marunouchi
https://www.point0.co.jp/coworking/

Part. 2

その後、パナソニック、TOTOなど参入企業も増加しています。ここでは、オフィス空間の利用者が、各企業が提供するオフィス設備などを利用する実態データを収集することが可能です。各所にセンサーを設置し、机や椅子などオフィス什器の他、空調・照明・音響などの心理的効果や生産性・創造性との関連を検証しています。

● 複数のデータを組み合わせ考察する

JR西日本ではIC乗車券「ICOCA」の乗降データを、鉄道の改札記録だけでなく、スマートフォンアプリ、スタンプラリーイベントと組み合わせ、周辺エリアにおける人の行動データを把握しています。方法としては、JR西日本の公式スマートフォンアプリ内で、スタンプラリーイベントを定期的に実施し、駅での乗降データとスタンプ入手ポイントとのデータの紐付けを行っています。エリア内での人の立ち寄りポイントと鉄道の利用実態との関係を明らかにすることができます。スタンプラリーのテーマは、「京都再発見×清涼飲料（コカコーラ）購買」「サッカースタジアム来訪（京都サンガF.C.）」「パン屋巡り」などさまざまです **02** 。エリアの集客にも貢献しつつ、どの属性の顧客が、どのようなコンテンツに反応し、どういう経路で移動するかといったデータを、スマートフォンアプリも活用しながら能動的に収集しています。

02 IC乗車券とアプリを活用した人の行動データ収集

ICOCA乗降データ

自動精算

人の行動パターン

出典：
JR西日本　icocaとは　https://www.jr-odekake.net/icoca/about/
wespo公式web　トピック　2021.7.21付け　https://wespo.westjr.co.jp/news/topics_791
京都リンガニュースリリース　2022.2.17付け　https://www.sanga-fc.jp/news/detail/16651
パンヲカタル　お知らせ　2021.10.2　http://panwokataru.net/

● 複数施策の影響を明らかにするマーケティング・ミックス・モデル（MMM）

複数の施策とそこから得られるデータによって、いくつかのマーケティング仮説とそれを充足する施策案が浮かんでくると思います。そして、その仮説や施策案は、ターゲットとなる顧客セグメントに応じてバリエーションを持っているはずです。データの活用は、このバリエーションの中でどれが最も効果を得られるかを検証する目的でも使われます。Section 3で触れた、ページビュー（PV）やユニークユーザー（UU）といったWebサイトの閲覧に関する指標もこの評価のためのデータと言えます。

しかし、この指標の扱いには注意が必要です。顧客はあなたの企業の商品、サービスにWebサイトだけで接触しているわけではありません。ここまで、たくさんのチャネルとコンテンツの紹介をしてきました。顧客は長いカスタマージャーニーの中で、複数のポイントで商品サービスに接触していることを忘れてはいけません。そうなると複数の施策の相互の影響を加味して、評価をすることが必要となります。

この複数施策の相関の影響を、統計手法により明らかにする考え方が、「マーケティング・ミックス・モデル（通称MMM）」です。MMMの考え方は、カスタマージャーニーの複数の施策と、施策ごとのデータを集め、それらの相関を多変量解析により分析する手法です。ここで言う施策ごとのデータとは、Webサイトであれば、公開するページとPV・UUなどの結果指標ですし、Web広告であれば出稿量や期間と、クリックされた数などを指します。さらにMMMでは、プロモーション以外のブランド認知や、社会トレンド、競合の影響までを加味し、分析を行います [03]。

このMMMですが、手法自体は古くからあり、テレビCMや交通広告、新聞広告、店頭プロモーションなどの相互影響を把握するために用いられていました。ところが、時代の変化を受け、昨今再注目されています。コロナ禍による、マス、デジタル、リアルの、それぞれのマーケティング戦略の組み合わせ形態が複雑になったことと、脱サードパーティCookieの流れなどがあります。さらに、オウンドメディアの活用が活発になってきたことも要因としてあるようです。

MMMについては、コンサルティングやツールが提供されていますが、専門性の高い領域ですので、ここでは考え方のみお伝えしました。重要なポイントとしては、企業が提供する単一の接点で捉えるのではなく、ターゲットとなる顧客のカスタマージャーニー全体でどのような効果をもたらしているかを、評価ポイントとすべきでしょう。

顧客は複数の接点（経路）や外部要因で購買の判断に至る

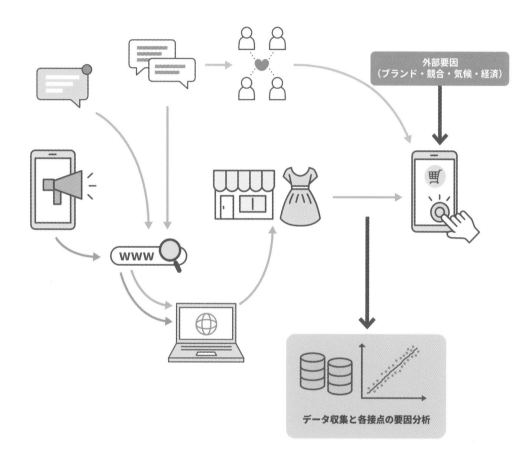

外部要因
（ブランド・競合・気候・経済）

データ収集と各接点の要因分析

Section 4　データで「意識の変化」を可視化する

顧客の興味関心を高めるメカニズム

日常生活の中で触れる商品やサービスの中で、「お気に入り」として位置付けられるものがあります。他の商品・サービスと差別化して識別されるのが「ブランド」です。ブランドは消費者の頭の中にでき上がり、そこには人間の記憶が影響するため、そのメカニズムを知ることがポイントとなるのです。

● 頭の中に「ブランド」を作り上げる

デジタルマーケティングにおいて企業が発信する商品・サービス情報は、これまで紹介してきたWebサイト、Web広告、SNS、メルマガ、ブログなど、さまざまな方法で行われています。しかし、その企業の名前自体を聞いたことがなければ、商品・サービスの情報発信効果は薄れるでしょう。したがって、商品・サービスの情報発信に合わせ（または発信よりも前に）、消費者の頭の中に企業のイメージを作り上げておくことが大切です。この、頭の中に作り上げるイメージが「ブランド」です 01 。

ブランドという言葉の語源は、もともと牛飼いが自分の牛と他人の牛を見分けるのに付けていた焼き印である「Burned」から来ているそうです。企業自体や、販売する商品やサービスのブランドを語る上では、焼き印だけでは不十分でしょうから、そこに

その企業や商品・サービスの名前・特徴・強みなどの「らしさ」を加えることが必要です。「らしさ」とは、代替品と比較したときの差別ポイントであったり、企業が商品・サービスに込めた思いであったり、顧客に届ける約束であったりもします。顧客側から見れば、自分にとって有益な価値をもたらす企業や、販売される商品・サービスの「らしさ」は「好意」の対象にもなるでしょう。

ブランドは、外部からインプットされるさまざまな要因が影響します。例えば、企業名を表すロゴ、広告で起用するタレントやキャラクター、象徴する色や音、社屋もブランドのインプットに寄与するでしょう。企業のスポーツチームスポンサーや、建造物などの名称に企業名や商品名を付加するネーミングライツもブランドづくりの一環と言えます。

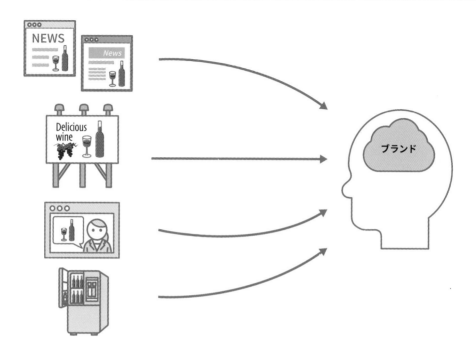

● イメージを積み上げる記憶のメカニズム

　ここで、ブランドのイメージ積み重ねるのに重要な、人間の記憶のメカニズムについて触れておきたいと思います。人間の記憶の種類に、「短期記憶」と「長期記憶」があるのはよく知られています。短期記憶は、目や耳といった「感覚レジスター」に入ってきた情報の中で、特に注意が向けられたものだけを選りすぐって格納されるものです。ちなみにこの短期記憶、わずか15秒程度で入ってきた情報の9割以上は忘れてしまうそうです。そして、残った1割が「長期記憶」に転送され、貯蔵されるというしくみです。では、短期記憶の中で忘れずに一部残るものと、残らないで忘れてしまうものとの違いはどこにあるのでしょうか？ それは、すでに長期記憶の中に入っている「別の記憶」によって、紐付けされ意味を解釈できるかどうかの違いのようです。ということは、別の記憶から紐付いた連想から、複数のインプットを辿り、長期記憶に蓄積する方法が良さそうです。

別の記憶からのにも、記憶のメカニズムが関わってきます。　**02**　。長期記憶に貯蔵される情報は、さらに「意味記憶」「エピソード記憶」「手続き記憶」の3つに分けられます。意味記憶は、概念など一般的な知識についての記憶と言われ、「学習や反復」によって深まる記憶です。単語帳を使って英単語を記憶したり、語呂合わせで歴史年表を記憶したりする、あの行為のことです。そしてエピソード記憶とは、時間や空間を隔てた関連する出来事・経験などの記憶で、「思い出」のことを指します。手続き記憶は技能や手続き、ノウハウといった、意識しなくても使えるものです。「お箸の使い方」「自転車の乗り方」など体が覚えている状態のものを指します。

消費者の中にブランドをつくり上げる上で、この「意味記憶」と「エピソード記憶」の使い分けが重要です。例えば、宿泊施設や旅行会社の、春のキャンペーンでは、「春といえばお花見」という、日本人が誰でも好きなエピソード記憶を使ってマーケティングを行うでしょう。このエピソード記憶に、さらに意味記憶につながる「国内最大級の〇〇」「世界遺産に指定された△△」のような情報をプラスし、記憶に強く残るような、マーケティングメッセージとしているのです。

● カスタマージャーニーとIMC

このような観点から、消費者への情報発信は、記憶のメカニズムにうまく順応して行うことが得策です。そしてエピソード記憶のメカニズムを利用すると、複数の接点を繰り返したほうが効果的にブランドのイメージが記憶に残るはずです。このような複数の接点を統合的に連携させる手法を「IMC（Integrated Marketing Communication）」と呼んでいます。この考え方は、マーケティングの巨匠のひとりである、ドン・シュルツの著書『ドン・シュルツの統合マーケティング』（ダイヤモンド社、2005年）で紹介され

02 記憶のメカニズム

ブランド
関連付け
意味記憶
エピソード記憶

視覚・聴覚

商品・サービス

たものです。しかし、当時のIMC論では複数のメディアで、同一のビジュアルやメッセージを使う「面」のコミュニケーションが提唱されたに過ぎませんでした。しかし、昨今の顧客の行動と接点を時系列に捉えるカスタマージャーニーの考え方においては、各接点を「線」で一貫性を持って連携するコミュニケーションが必要になります。例えば、コンテンツはデバイスによってそれぞれ最適なものをチョイスしますが、メッセージや配色、ロゴなどのシンボルは統一するといった手法を取るなどの方法です。

さらに、時系列の接点にストーリー性を持たせる

のも、重要な視点です。カスタマージャーニーも、このストーリー性を分かりやすくするために、カスタマージャーニーマップと呼ばれる様式で表現されます **03** 。ジャーニーのステップ（AIDMAやAISASなど、顧客の行動や感情の変化、商品・サービスとの接点、顧客に行動の変化を促すにはどうすれば良いか（課題）を、マップ上に記載します。このカスタマージャーニーマップから、顧客のジャーニーステップにおいてもっとも効果的なデジタルマーケティング施策を、アクションとして導き出すのです。

03 **カスタマージャーニーマップ**

新型洗濯乾燥機のカスタマージャーニーマップ例

ターゲット層
40~50代　共働き家庭主婦
洗濯は極力手間を省きたいが、仕上がり重視

ステップ	認知	興味喚起	検索・比較	購買
行動	SNSやニュースサイトで洗濯機新モデル情報に接触	店頭での商品確認、パンフレット入手、イベント参加	Webサイト・動画サイトで機能の比較コンテンツ閲覧	価格比較、商品確認
思考・感情	「10年使ってきた洗濯機を新しくするタイミングで洗濯乾燥機にしたい…乾燥までお願いしたい…」	「ショッピングモールで紹介していた！ 新商品のパンフレットをもらってきた！」	「今の場所に収まるかどうかが一番の問題。スリム型ならいけるかも？」	「大きさとデザインで2つまで絞り込んだけど迷う。サポート保証5年付きのほうにするかな」
顧客接点	SNS、WebニュースWebサイト	店頭販促（POP、パンフレット）	動画サイト、メールマガジン	DM（ハガキ）店頭販促
アクション	ニュースリリース発信、Webサイト更新	発売に合わせたイベント開催（来店捕捉）	来店履歴からのターゲットメール配信	インセンティブ付与と接客で信頼感プラス

心のツボを押す
「顧客インサイト」の探索

店舗で商品を見ているときや、ECサイトを何気なく閲覧しているとき、何らかの情報との接触によって「あ、これ欲しい」と思ったことはないでしょうか？　この、偶発的な「そうだよ、これが欲しかったんだよ」と強く思うのは、あなた自身も気付いていない深層心理の中に課題やニーズが隠れているからです。

● 顧客インサイトとは何か？

　ここまで、デジタルマーケティングの活用例をいくつか見てきました。その多くは顧客のはっきりした（顕在化した）ニーズに対し、企業の商品やサービスをコミュニケーションでうまくマッチングさせる方法でした。しかし、顕在化したニーズに対応するだけでは、同じ機能を持った競合商品との戦いで苦戦を強いられるでしょう。そこで、多くの企業の商品開発担当は、顕在化したニーズだけではなく、顧客の深層心理にある潜在ニーズまでを探索して、商品開発や改良のアイディアを導き出しているのです。

　この顧客の深層心理にある潜在ニーズのことを、「顧客インサイト」と呼んでいます。潜在ニーズと言われても、ピンとこないかもしれません。例を挙げて説明してみましょう。最近、秋になると果物売り場を華やかにしているシャインマスカット。甘味と酸味のバランスもよく、ジューシーなこのブドウの品種は皮まで食べることができ、種もありません。ブドウは品種によらず万人に愛される果物のひとつ

でしたが、「種がある」「皮をむいて食べるのがめんどう」という課題を抱えていました。シャインマスカットは、種がなく、皮ごと食べられるというおいしさと手軽さが潜在的ニーズに応えたブドウと言えます。「ブドウに種がなかったらいいなぁ」「ブドウを皮ごとおいしく食べられたらいいなぁ」というのがインサイトというわけです 01 。

　実際にヒットした商品の例も見てみましょう。2022年の雑誌「日経トレンディ」のヒット商品番付30で1位に輝いたYalult1000は乳酸菌飲料でありながら、「睡眠の質を高める」という顧客インサイトに応え、爆発的な売り上げを記録しました。また、コミカルなTVCMが話題となったサイボウズのキントーンは、「表計算で困る」「表計算が重い」「表計算が開いてくれない」など経理業務の「あるある」をインサイトと捉え、キントーンはそれが解決可能であると訴求しています。

顕在化したニーズ

美味しい
ぶどうが食べたい

潜在的ニーズ

種と皮が
なかったらいいのに

では、なぜこの顧客インサイトが注目され、マーケティングに活用されるようになったのでしょうか。競合との厳しい販売競争の中で、商品やサービスが顧客の目に留まって、記憶の中に入り込むためには、ある「刺激」が必要だと言われています。従来のマーケティングではこの刺激に値するのが、「広告」でした。しかし、消費者の接触するチャネルがマスから

デジタルに移行し、溢れる情報の中で広告が埋没し、刺激を与える役割を果たせなくなってきたのです。もはや、顕在化したニーズに応えるだけでは競合商品との差別化が図れなくなった状況において、顧客の深層心理を知り、潜在的な需要を企業が能動的に喚起しようとするマーケティング活動に注目が集まったのです。

●顧客インサイトの探索は難しい？

顧客インサイトは、人間の深層心理に踏み込むもので、顧客自身もわかっていない実体のないものです。それを、デジタルマーケティングで探索するとなると、それは非常に困難な作業であることは想像できると思います。しかし、方法がないわけではありません。潜在的ニーズを抱える状況と、それを明らかにするコミュニケーションによって、顧客インサイトを探り出すことも不可能ではありません。

インサイト探索の糸口は、顧客自身を取り巻く状況を捉えることにあると思います。インサイトが深

層心理だとしても、その人にとっての深層心理であるだけであって、類似したニーズや課題を持ち、それが顕在化している顧客もいるはずなのです。個々の顧客の感じ方の違いはあれど、複数の顧客に対し調査を行えば、回答の類似性やおかれた状況の共通性などから、インサイトは探索できるはずです。

例として、食器洗いが原因で手荒れに悩む女性向けに、新商品のアイディアを出す作業を想定して、課題を抱えるユーザーの置かれた状況をいくつか想像してみましょう。想像できる状況のひとつは、「違和

感を覚えているが、それが近い将来ひどくなること
を理解していない」パターン。

　また他のケースでは、「課題を感じているが解決策
に辿り着いていない」パターンも考えられます。さら
に考えると、「はっきりと課題を認識して、対策を行っ
ていても、それが改善しない」パターンもあるでしょ
う。インサイトの探索は、このような仮説の洗い出
しから始まり、次のステップでは実際の課題を抱え

たユーザーへインタビューなどの調査を行います
02 。今回の例では、ある程度の仮説が洗い出せて
いるので、通常のインタビューや、定量的なアンケー
ト収集でも仮説検証は可能かもしれませんが、暗中
模索の状態である場合は、行動観察調査（エスノグラ
フィ）や日記調査など、よりユーザーに密着した調査
方法が取られます。

02 インサイト探索の仮説形成例と調査手法

食器洗いによる手荒れに悩む女性のインサイト仮説パターン洗い出し例

カサつきなどの違和感はあるが、
対策を取るほどではないと思っている
（近い将来の課題への意識はない）

手荒れの症状が顕在化しているが、
解決策がわからず、何の対策もしていない

症状はひどく、対策も行っているが
効果を得られず不満

インサイト探索に用いられる代表的なリサーチ手法

エスノグラフィー	対象者の徹底的な行動観察により真の課題を発見する手法
日記調査	対象者が特定の行動を実施した記録（日記）を付けることによる探索手法
投影法・コラージュ法	対象者が言語化できないイメージや意識を、イメージに合う人・動物などに例えたり、写真・絵などから選択することによる探索手法
グループインタビュー・座談会	対象者を複数人集め、集団に対するインタビューやディスカッションの中から課題を発見する手法

● デジタルで顧客インサイトを探索する

インサイト探索の具体例を、もう一つ紹介します。「ネスカフェアンバサダー」は、職場などのコミュニティで、ネスレのコーヒーメーカーを設置しコーヒーなどを楽しむ、オフィス向けのサービスです。もともと、家庭向けにあったコーヒー専用マシン「ネスカフェゴールドブレンドバリスタ」を、オフィス向けにアレンジしたわけですが、このサービス開発のきっかけは東日本大震災時に仮設住宅を訪問した際の出来事であったそうです。併設された集会所で、コーヒーのサービスを行ったところ、仮設住宅に閉じこもったお年寄りたちが集まり、会話の輪ができたことがヒントになりました。場所をオフィスに置き換え、コーヒーがすぐに飲めるという機能面に加え、コ

ミュニケーションを活性化させたいというインサイトに応え、大ヒットしました。このネスカフェアンバサダーですが、オフィス向けにビジネスの狙いを定め、サービスの品質を高めるフェーズにおいては会員組織（アンバサダー）を形成し、Web上の掲示板に集まる投稿や写真を参考に改善を加えたそうです。

ネスカフェアンバサダーのように、顧客との対話から、インサイトを探索するシーンにおいても、デジタルの活用は有効であると言えます。昨今、オンラインでの会議が定着したので、顧客へのインタビューはオンライン上で効率的に行うことができます。また、スマートフォンやIoTデバイスを活用し、現在どのような行動をとっているかの把握も可能です。ま

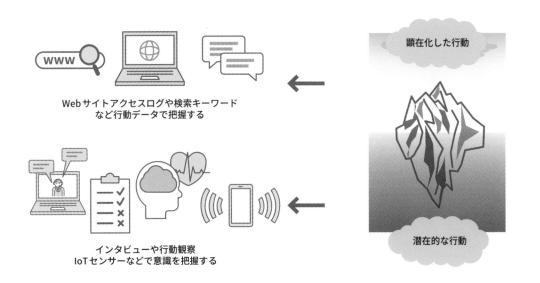

03 デジタルを活用した顧客インサイトの探索方法

Webサイトアクセスログや検索キーワード
など行動データで把握する

インタビューや行動観察
IoTセンサーなどで意識を把握する

顕在化した行動

潜在的な行動

た、最新テクノロジーの活用例では、視線や脳波の測定で、被験者がどのような意識であるかも可視化できるようになりつつあります。

顧客インサイトは、自身でも気付いていない深層心理であるがゆえ、それが言語化されたときは、インパクトの高い刺激になり得ます。顧客の対話と観察をきっかけに、デジタルの力を上手に活用し、仮説形成と検証を行うことがポイントになるでしょう **03**。

Column

顧客視点で考える、顧客インサイト

本PartのSection 6で触れた「顧客インサイト」について、本文では、企業側のアプローチからの探索方法を説明しました。このコラムでは、もう少し顧客側の立場から、顧客インサイトについて考えてみたいと思います。

例えば、私自身が日々「これ、解決しないかなぁ」と思っているのは、シャツの襟についているアパレルメーカーのタグです。最近、ユニクロのシャツなどはこのタグがプリントに変わったりしていますね。私はこのタグ、チクチクし出すようになったら（買ったばかりは良いのですが、着慣れてくるとチクチクを感じるのです）タグの糸をほどいてタグの除去作業を行ったりしています。ぜひ、私のインサイトに応えてくれるアパレルブランドがもっと増えること

を祈っています。

このシャツのタグをユニクロが解決しているように、自分の困りごとを解決しているような商品を探してみるのも、「顧客インサイトとはどのようなものか？」を理解する近道かもしれません。他には、キッチンなどの日用品の山崎実業（レジ袋をゴミ箱の代りにするフックなど）や、家電では山善（おひとり様こたつや煙の出ない焼き鳥グリルなど）の商品が参考になるでしょう。

顧客インサイトのイメージを掴むトレーニングに、社内で「インサイトあるある大会」のようなワークショップを開催すると良いかもしれません。部署のメンバーで事前に自身の困りごとを題材に用意して、互いに解決のアイディアを出し合うような、ブレーンストーミングの場です。思いがけないアイディアが出てくるかもしれません。ぜひ、お試しください。

Part.
3

お客様と永くつながるための
デジタル活用

1 買った後も顧客とつながり続ける メリット

顧客には、1回買った後にその商品・サービスのことが気に入り、2回・3回と繰り返し買い続けてくれる「お得意さま」がいます。本パートでは、買い続けてくれる既存顧客に焦点を当て、デジタルマーケティングのポイントを見ていきましょう。

● 新規顧客の獲得コストは既存顧客維持の5倍！

Part.2までは、商品やサービスを知らない未知の顧客に、広告やWebサイト、メールやニュース、SNSの口コミなど、あの手この手を駆使し、初回購買（トライアル）を勝ち取るための施策を練ってきました。そして、施策が功を奏して、めでたく新規顧客を得たとしましょう。問題はその後です。

せっかく獲得した新規顧客と、一期一会の出会いで終わってしまって良いのでしょうか？　何か、もったいない感じがしませんか？　広告出稿やWebサイトの制作にはコストがかかっています。マーケティングは投資であり、効率的に投資回収を考えなくてはならないと述べてきました。初回購入だけの売り切り型のモデルでは、多くの商品・サービスにおいて投資回収は困難でしょう。一度買ってもらった顧客には、2回3回と継続的に買ってくれる「リピーター」

になってもらうことが重要となります。

一般的に、新規顧客を獲得するには、既存顧客を維持するよりも5倍のコストがかかるそうです（1:5の法則）。新規顧客は、あなたの企業に元々関心を持っていないため、見知らぬ企業からのメッセージには耳を貸してくれません。信頼関係を築くためには、すでに関係を構築済みの既存顧客よりコストがかかるのは当然のことです。

また、この「1:5の法則」を提唱したフレデリック・F・ライクヘルドは、既存顧客の離脱を5%改善すれば、利益の25%が改善されるという、「5:25の法則」も見出しています。コスト効率を追求し利益の獲得に貢献するためには、マーケティング戦略は新規顧客の獲得と、既存顧客の維持の両輪で考えなければならないということです 01 。

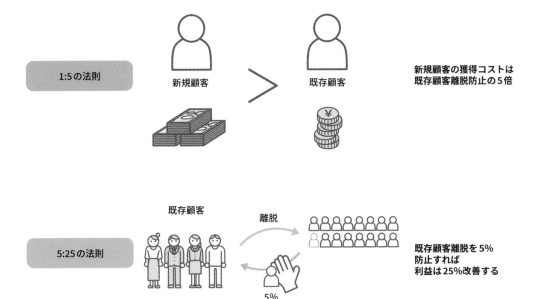

● ヘビーユーザーで成り立つ商品もある

　新規顧客の獲得と既存顧客の維持のどちらを重視するかという戦略は、販売する商品・サービスのカテゴリにおいても異なります。そして、既存顧客が売り上げの大半を占めているような、特殊なカテゴリもあるのです。一例を挙げると、カゴメトマトジュースは2.5%の既存顧客が、売り上げの30%を占めているそうです。また、新国立劇場運営財団専門員の堀田治氏がAD STUDIESに寄稿した論文、『超高関

与消費のマーケットインパクト』によれば、バレエやオペラなどの観劇をはじめ、スポーツ・グルメ・旅行などにおいて超高関与消費に類する傾向が見られるとしています。堀田氏は論文中で、超関与層と考えられる消費カテゴリのPOSを分析し、人数ベースで3.3%の超高関与層が、売り上げベースでは33%を占めるとしています 02 。

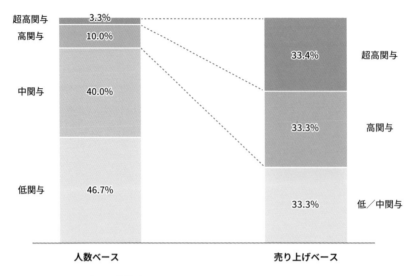

出典：AD STUDIES Vol.51 2015　堀田治著『超高関与商品のマーケットインパクト』
http://www3.keizaireport.com/jump.php?RID=240468&key=88885

　このように、ヘビーユーザーが支えている商品やサービスでは、この層が離脱してしまうとビジネス上の大打撃となってしまいます。そこで、継続的な消費を促すために、商品を使い切るタイミングでのプロモーションや、一定期間まとめて契約を行うようなサブスクリプション型のサービスのようなマーケティング形態がとられます。

　また、ブランドスイッチが起こらないように、味やパッケージデザインなどにバリエーションを持たせることも行われます。日本人が好む季節限定商品なども、既存顧客が離脱しないための施策と言えるでしょう。

● 既存顧客の維持は売り上げ以外のメリットもある

　既存顧客とつながることの利点は、売り上げや利益の獲得だけではありません。マーケティング施策のさまざまなシーンで、メリットを生み出します。SNS上での口コミを想像してみてください。その企業の商品やサービスを購買したことのない新規顧客が、SNS上で情報発信したとしても、好意的な内容であるかどうかはわかりません。そもそも、未購入の商品・サービスを題材にした発信が行われることも、可能性は低いと言えます。デジタルが主流になる企業と顧客のコミュニケーションの中でマーケ

Part. 3

ティング上の双方向のコミュニケーションでは、既存顧客の存在は力強い味方になるでしょう。

また、その双方向のコミュニケーションを、「顧客の声（VOC：Voice of Customer）」として活用することも考えられます **03**。通信販売のTVCMで、利用者のインタビューを放映する手法は過去から活用されてきました。ECサイト上でも、顧客の生の声として、記事コンテンツ内で紹介したり、アンケート結

果などを掲載したりする手法が用いられます。しかも企業からではなく第三者から発信される情報は、より信用されるという心理学的な効果もあります。

そして、既存顧客の中には、商品・サービスを利用してニーズや課題を解決した、特別体験を持った顧客も一定数存在します。そのブランドに対し愛着を持ち、熱狂的なファンとなる顧客も存在するでしょう。そのようなファンの存在は、企業にとってサポー

03　VOC活用の例（やずや、S&B食品）

出典：やずや
https://www.yazuya.com/assets/lp/did-601/index.html?cid=4301&gclid=Cj0KCQiAtvSdBhD0ARIsAPf8oNnWGNKvRGB3oeg5yDqlgBRT9h6_jRkI ziwnBzQ.Jj8_IAoTzun5st70aAqwMEALw_wcB

出典：S&B食品
https://www.sbotodoke.com/shop/lp/aojiru04.aspx?utm_source=google&utm_medium=cpc&utm_campaign=aj_bra&utm_content=one&gclid=Cj0KCQiAtvSdBhD0ARIsAPf8oNns12F0DFdqzlOcMrMK9GpX_n9sDoVUpbFeP2Jm67SNTNyWeXvvpEMaAg0bEALw_wcB

ターであり、心強い味方となります。ファンとのコミュニケーションの中で、商品・サービス開発や改良に関するアイディアや、プロモーションに対する反応を見ることが可能です。また、ファンから、ときに厳しく時に温かく叱咤激励を受けることで、企業の進む方向が照らされることもあるのです。

● 既存顧客とつながり続けるためには

では、既存顧客を離脱させずに、永くつながるためにはどのようにマーケティング戦略を組み立てれば良いのでしょうか？　シンプルに言うと「コミュニケーション」ではないかと思います。日常生活で言うところの、人間関係や恋愛に近いかもしれません。

誕生日になればプレゼントを贈りお祝いする、盆と正月には挨拶に伺う、メールやSNSの発信にはコメントや「いいね！」を付ける、といったコミュニケーションの積み重ねが人間関係を豊かにします。企業と顧客とのコミュニケーションも同様です。記憶に残るように、広告・ニュース・メールマガジン・SNS発信などの接点をつくり、しかるべきタイミングでキャンペーンを開催し、特別なシーンではプレゼントを贈る＝人間関係と同じではないでしょうか。

人間関係に少しプラスするとすれば、相手が人ではなく、モノやサービスであることでしょう。そこには、「習慣性」という要素も関わってきます。習慣性は、その商品・サービスを使い続けることが当たり前になる状態です。前述のカゴメトマトジュースでは、習慣性という面でリピートを受けやすい商品

と言えます。そして、習慣的に購買・利用している商品サービスにおいても、ブランドスイッチが起こらないようにすることも大切です。

毎日使う歯ブラシをイメージしてみましょう。各メーカーの歯ブラシ、機能的に大差はないように見えても、ヘッドや毛先の形状など細かい点の違いはあります。商品パッケージの面積が小さい商品ですので、パッケージの違いだけでは、他のブランドとの違いが見分けにくいと思います。自分が今使っている商品が何であるかを、売り場で思い出すのは困難かもしれません。「指名買い」できない状況においては、競合ブランドの商品にスイッチする可能性も高まります。

それを防止するために、ライオンのデンターシステマには、パッケージの前面下部に大きめの文字で識別番号が記載されています。「D32」だと、「しっかり毛腰タイプのコンパクトかため」という感じです。このような工夫も、ブランドスイッチを起きにくくするアイディアと言えるでしょう **04** 。

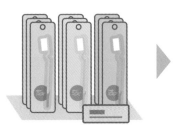

お使いのハブラシの識別番号の確認方法

ハンドル下部にお使いのシステマハブラシの
種類、ヘッドサイズ、毛のかたさがわかる識別
番号が記載されています。
※色の情報は番号に記載されておりません。

いつもの
歯ブラシ
どれだっけ？

そうだ
A31番だ

出典：ライオン
https://systema.lion.co.jp/product/ex/brush.htm

Section1　買った後も顧客とつながり続けるメリット

顧客とつながり続けるための
デジタル活用

物の溢れるこの時代、既存顧客と言えども買い続けてもらうのは至難の業です。自社の商品・サービスを忘れないように、継続的にアプローチし続けることが重要です。そこで有効になるのが、消費者が1日の中で多くの時間利用する、デジタルデバイスです。

● 既存顧客との関係継続にもデジタルが有効

商品やサービスの習慣的利用や深い関係の維持においても、デジタルの活用は有効となります。手法としては、新規顧客の獲得と同様に、デジタルのチャネルとコンテンツとデバイスによる「接点」を介して構築します。そこに、既存顧客との関係維持に特化したアレンジを行うことが重要です。そのアレンジの根底にある思想は、「おもてなし」です。幸いなことに既存顧客は、すでにトライアル購買として最初の接点は構築済みです。ここからさらに関係を深めるためには、お互いの情報を交換し合い、理解を深めることが重要となります。そのために、より多くの接点で顧客をお迎えし、企業の商品やサービスを知ってもらうとともに、顧客のことを知る機会を設けるのです。

企業と顧客がお互いを知り合う機会である顧客接点は、より多い回数と、より多いシーンが重要となります。ビジネスのシーンで、訪問営業を想像してみましょう。頻繁に訪れ、役に立つ情報を提供してく

れる営業担当のことは印象に残っているでしょう。

また、普段のオフィスへの訪問以外に、展示会やセミナーでの出会いや、会食などをともにする営業担当とは、関係が深くなっているはずです。

デジタルでも同様に多様な顧客接点を構築することが重要です。複数のチャネルを連携し、顧客の必要なタイミングとニーズ・課題に応じた内容で、情報を提供することが必要です。検索エンジンからの自社Webサイトへの流入をきっかけに、メールアドレスを取得し、メールマガジンを適切な頻度で配信します。メールマガジンの掲載テーマが、顧客のニーズや課題に刺されば、詳細情報を提供するページのURLをクリックしてくれるでしょう。その流入に対して、さらに役立つコンテンツをWebサイト上に配置します。顧客接点の構築は、継続して購買してくれる既存顧客には、新規顧客以上に重要となります。あなたの企業の商品やサービスに興味を持ってくれる既存顧客は、今よりもさらに購買量を高めたり

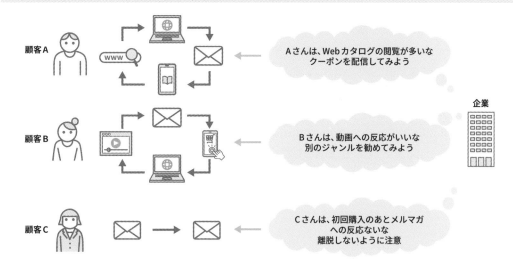

（アップセル）、他のジャンルの商品を買ってくれたり（クロスセル）するかもしれません。離脱防止を防止するためにも顧客接点は重要となります **01** 。

人による接客であれば、一度に対応ができる顧客の人数は限られるでしょう。しかし、デジタルはコンピュータリソースの制限を考えなければ、人の能力をはるかに超えた数の顧客を扱えます。しかも、既存顧客のニーズや課題を細かくパターン化し、関係の深度とニーズ・課題に応じた接客が可能なので

す。

このようにデジタルは、既存顧客のおもてなしにも有効であることがおわかりいただけたと思います。さらに、これらのおもてなしが、顧客の心を捉え、関係を維持できているか、離脱に向かっていないかを、定期的にチェックすることが必要です。デジタルは、その検証にも有効な武器となります。そして、ここでも活躍するのが、「データ」なのです。

● データで既存顧客を知る

データで既存顧客を知る第一歩として、どの程度の購買金額の顧客が何人程度いるかを把握してみると良いでしょう。業種業態によって、顧客の人数をカウントできるかは異なります。消費財のような消

費者全体を市場としているような業種においても、顧客ごとの購買が識別できるID-POSや、アンケートなどを活用して推計することが可能です。顧客ごとの購買データを集めたら、金額の大小で顧客をグ

ループ化しましょう。量層分析やABC分析と呼ばれ
ますが、上位2割程度の顧客が売り上げの7〜8割を
占めるというパレートの法則に基づいて、顧客をグ
ループ分けすると良いでしょう。データの量が十分
にあり、もう少し詳細に分析するのであれば、顧客数
を10等分して10区分ごとの購買金額の比率の関係
を分析するデシル分析もよく使われる方法です。

　また、既存顧客の関係の深さを測る際に、金額だけ
では不十分な場合があります。そこで、購買の分析で
用いられるのが、直近の購買日や購買頻度を組み合わ
せたRFM分析と呼ばれる手法です **02** 。R：Recency

（リセンシー：最新購買日）、F：Frequency（フリー
クエンシー：購買頻度）、M：Monetary（マネタリー：
購買金額）の3つを組み合わせた、3次元の解析になり
ます。この3つのパラメーターを組み合わせると、顧
客の将来の収益への貢献や、離脱する可能性が識別で
きるそうで、組み合わせのパターンごとのマーケティ
ング戦略立案に活用されます。例えば、「Rが低けれ
ば、FやMが高くても離脱の可能性大」や、「Fが低く
Mが高い顧客の中ではRが高いほうが上客」といった
分析が可能です。

　これらのデータを用いて、自社独自の顧客モデル

02 RFMのイメージ

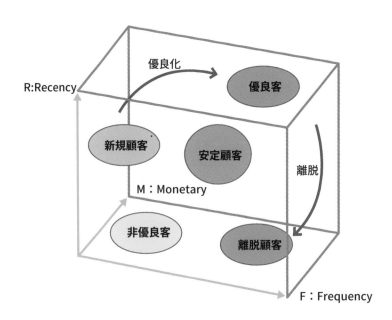

出典：Albert　Basic Knowledge on Data Analytics　を基に筆者が作成
https://www.albert2005.co.jp/knowledge/marketing/customer_product_analysis/decyl_rfm

を構築してみましょう。顧客を量層やRFMでグループ化し、一定期間ごとの各グループの顧客数データの推移を観察することで、それぞれのグループの購買に対する意識や行動の変化が見えてきます。例えば、Rだけが高い新規顧客は増加しているのに、RFMすべてが高い優良客は減少しているのであれば、プロモーションの内容が新規顧客の獲得に偏っているかもしれません。

特定要因と顧客数の増減の因果関係の仮説形成を行い、それをデジタルマーケティングの成功の法則として、定番のマーケティング手法につなげると良いでしょう。

● データベースツールやデータ提供サービスを活用する

既存顧客を管理するために、さまざまなITのツールやサービスが提供されています **03**。まず、CRM（Customer Relationship Management）と呼ばれる、顧客を管理するためのデータベースは、主に

03 既存顧客を管理するためのツール・サービス

分類	ジャンル	機能	ソリューション例
ツール	CRM (Customer Relationship Management)	顧客の基本属性や取引履歴をデータベース化する。主にBtoBビジネスで利用される	セールスフォースドットコム (Sales Cloud) Eセールスマネージャー (Remix Cloud) など
ツール	CDP (Customer Data Platform)	顧客IDと紐づけて、Webアクセスなどの行動データを格納する。巨大なデータベースであり、格納容量と操作速度が求められる	トレジャーデータ (Treasure Data CDP) ブレインパッド (Rtoaster) など
ツール	MA (マーケティング・オートメーション)	CDPと連携し、メールマガジンやWeb画面表示の出し分けを自動で行う	アドビ (Adobe Campaign) PLAID (KARTE) など
データサービス	POS・ID-POS	店舗の購買データを蓄積し、集計・加工の上、ダッシュボードなどの形態で販売する	インテージ (全国小売店パネル調査 SRI+) TrueData (Eagle Eye) など
データサービス	パネル購買データ	契約パネルの購買商品JANをスキャンしたデータベースを活用した分析サービス	マクロミル (QPR) など
データサービス	Web行動履歴データ	複数社のWebサイト閲覧ログを収集し販売するサービス。ターゲティング広告などで活用される	インティメート・マージャー (IM-DMP) デジタル・アドバタイジング・コンソーシアム (Audience One) など
データサービス	移動情報・位置情報	スマートフォンやICカード利用などから、人の移動や存在場所のデータを収集、販売するサービス	ドコモ・インサイトマーケティング (モバイル空間統計) JR東日本企画 (駅カルテ) など

BtoBのビジネスにおいて普及しています。それぞれの顧客の属性情報の他、販売実績や営業コンタクト情報、セミナーやイベントの参加履歴などが管理項目です。一歩進化したCRMソリューションでは、顧客を人ではなく企業全体で捉えるABM（Account Based Marketing）という考え方も浸透してきました。窓口となる担当者だけではなく、その上長や関連する他部署に至るまで、顧客企業全体の接点を管理するという考え方です。

　また、顧客のIDにWeb行動やリアル店舗の訪問など、関連するあらゆる情報を紐付けて管理するCDP（Customer Data Platform）も利用が拡大しています。Web行動などは、件数が膨大になることが多いです。CDPは膨大な件数のデータ格納を格納し、迅速に新しく入ってくる顧客の情報と紐付け、さらに情報発信の最適なタイミングで瞬時に検索することが可能です。

　また、CDPと連携し、顧客の行動に応じてメール配信やWeb画面の出し分けなどを行うMA（マーケティング・オートメーション）と呼ばれるツールも多数の企業で利用されています。MAの中には、特定ユーザーのWebサイトへの過去の来訪履歴を蓄積し、回数に応じて画面表示内容をアレンジするものもあります。例えば、初回訪問時は商品の概要を表示し、2回目以降であれば問い合わせ先やセミナーなどの詳細な案内を表示するなどを出し分けます。

　顧客の購買などのデータを提供するサービスもあります。POSやID-POSをはじめ、一般消費者が契約会員となり、購入商品のバーコード（JAN）をスキャンしたデータを販売する例もあります。また、Web上の行動に特化したデータサービスや、人の移動情報や位置情報なども販売されています。自社のオウンドメディアから収集可能なデータ（ファーストパーティデータ）と、これらの商用データを組み合わせ、顧客行動の解像度を高めることが可能です。

印象に残り続ける顧客体験をつくる

デジタル化社会と言っても、顧客の時間は有限です。また、すべてのデジタルデバイスやチャネルを使いこなしているわけではありません。ターゲットとなる顧客が情報に接していない時間や、使わないデバイス・チャネルに情報を流しても意味がありません。

● 顧客は情報チャネルをどのように利用しているのか

　既存顧客へのマーケティングは、すでに顧客のことを知っているというアドバンテージがあります。ゆえに、顧客とのコミュニケーションを行う接点も、日々の行動導線の範囲で構築するのが自然です。普段、顧客がどのようなチャネルを利用しているのかを大局的に掴んでおくことも重要です。いくつかの調査結果を見ていきましょう。

　まず、マスも含めた全チャネルの利用時間の割合です。博報堂メディア環境研究所が公開している『メディア定点調査 2022年度版』によると、生活者の全

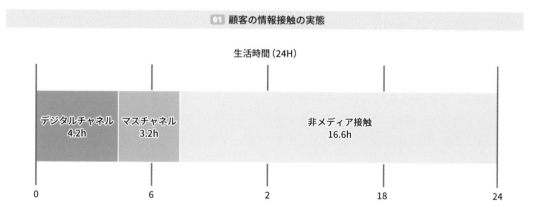

01 顧客の情報接触の実態

生活時間（24H）

| デジタルチャネル 4.2h | マスチャネル 3.2h | 非メディア接触 16.6h |

0　　6　　2　　18　　24

出典：総務省情報通信政策研究所『情報通信メディアの利用時間と情報行動に関する調査』を基に筆者が作成
https://www.soumu.go.jp/main_content/000831290.pdf

メディアへの接触時間は2022年度調査では445.5分でした。その中で、パソコン・タブレット端末・携帯電話／スマートフォンの利用時間は254.7分と、半分以上を占めます。

また、総務省情報通信政策研究所が行っている『情報通信メディアの利用時間と情報行動に関する調査』の結果によると、インターネット利用項目別の平均利用時間は、全年代で動画投稿・共有サービスの視聴が最も長く43.3分、次いでソーシャルメディアを見る・書くが40.2分です。この2つで合計80分を超えています。1日の生活時間24時間で見た場合、4.2時間をデジタルチャネルが占めることになります。マスチャネルは3.2時間、残りの非デジタル接触時間は16.6時間です。その中で、睡眠や食事のほか、平日であれば執務時間もここに含まれます。

デジタルの中で、顧客接点として有力であるSNSについて、接触頻度の調査結果を見てみましょう。マイボイスコムが行っている『【SNSの利用】に関するアンケート調査』では、毎日SNSを利用している人は8割弱、1日に2回以上利用は50%とのこと。また、利用しているSNSで、最も多いのがLINEで88.4%、次いでTwitterが51.5%、Facebook、Instagramと続きます。年代によって差はありますが、日本人の多くがSNSや動画投稿サービスを頻繁に利用していることがわかります。よって、デジタルでの行動導線設計も、SNSをうまく活用することが重要になってくるでしょう 01 。

● 普段使いのチャネルでコミュニケーションする

顧客の日々の行動をイメージして、情報提供の接点にはどのチャネルが適しているかを考えてみましょう。

デジタルでの顧客接点構築ですので、顧客がデジタルに触れている時間が対象になるでしょう。総務省の調査結果で言えば、1日の中で4.2時間あることになります。この4.2時間のチャンスの中で、顧客がどのようにデジタルに触れ、いつ企業の情報を届ければ、「そうだね、今ならいいよ」を思ってくれるかを探るのが重要です。

2つ方法が考えられると思います。1つは、顧客が普段使っているチャネルの中で、自然な形で情報提供する方法です。デジタルの操作で、顧客自身が必然性を持って行う行為に沿って、「邪魔にならないように」気を惹くテクニックが求められます。2つ目の方法が、情報導線の中でインパクトを与えて注意を惹く方法です。「ちょっと手を止めて、こっちの情報も見てみませんか」と案内するわけです。こちらも、過度にインパクトを与え過ぎると、ネガティブな印象を持たれてしまいます。シーンに応じて、インパクトの演出に工夫を凝らすことが求められます。

1つ目の、普段使いのチャネルの選択方法としてSNSが有力ですが、マイボスコムの調査結果ではLINEの利用がトップでした。LINEは、企業とLINEユーザーとの間のコミュニケーション施策として、LINE for Businessというサービスメニューを提供しています 02 。LINE公式アカウントによるお友だち（フォロワー）の獲得や、LINEアプリ上の広告配信、

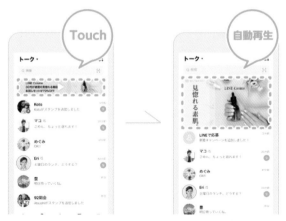

LINE Talk Head Viewは、LINEのトークリスト最上部に、ダイナミックな動画や
静止画の広告を配信することができるサービス

出典：LINE
https://www.linebiz.com/jp/service/talk-head-view/

チラシやポイントクーポンなどのメニューもあります。LINEの広告は、LINEで最も利用度の高いトーク画面の上部や、ニュース内部にインフィードされるものなど、LINEを利用しているユーザーの導線にさりげなく配置されるのが特徴です。また、性別・年代・エリアなどの属性とLINE内のコンテンツの閲覧傾向からのターゲティングも可能です。他には、公式アカウントへ友だち登録したユーザーに対し、企業からの個別条件に従いメッセージを配信することも可能です。

● インパクトを与えるポイントづくり

　2つ目の、情報導線の中のインパクトについて考えてみましょう。「インパクト」といっても、宝くじで1等に当選するような、レアなものである必要はありません。日常の行動の中で自身のニーズや課題の解決や、ちょっとした興味が満たされる程度の事象で良いと思います。その際に、オンラインだけでなく、リアルの行動にも着目するのが重要です。店舗内のマーケティングにおいてスマートフォンアプリを活用し、具体的に取り組んでいる企業もあります。ツルハドラッグでは、スマートフォン公式アプリと、ビーコン（近距離無線通信とその受発信器）を活用して顧客の来店を検知しています。店内の行動の追跡も特徴的です。特定の場所（商品棚）の通過を検知して、そのタイミングでクーポンなどを配信します。

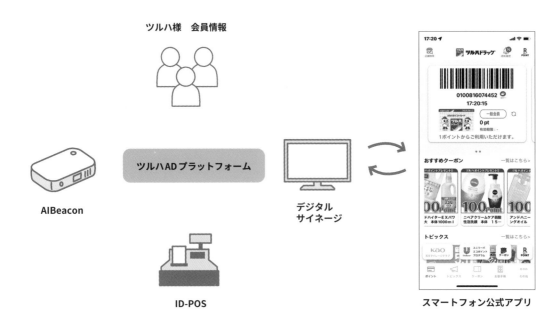

出典：Unyoo.jp　2022年7月26日付け　【対談】アドインテに聞く：リテールメディアを中心に据えたリテールDXで仕掛ける小売業大改革を基にに筆者が加筆
https://unyoo.jp/2022/07/adinte/

　ここでの、特別で大きなインパクトは、「そうそう、ちょうどそれを買おうと思っていたのよ」という「先回り」と言えるインパクトのことです。そして、それを実現するために、ここでもデータが活躍します。過去の購買履歴データから、今日買う可能性の高い商品を導き出し、普段使いのスマートフォンアプリに自然な形で、クーポンをレコメンドし、先回りのインパクトを演出できるのです **03** 。

　リアル接点である店舗を使って、店舗に来訪する前のデジタル行動を、店舗内の行動を連携させて体験をつくり上げる取り組み例もあります。アパレルブランドのナノ・ユニバースは、店舗来訪前の公式ECサイトでの商品閲覧履歴データを蓄積し、その顧客が店舗に来訪した際に、ECの閲覧した商品を基にアプリ上に関連商品を表示します。アパレルの場合、実際の商品を手に取り、サイズなどの確認を行う必要があることから、ECと店舗間で興味関心のある商品の連携は非常に重要となります。EC閲覧データと

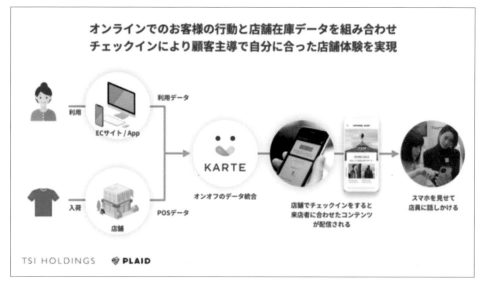

オンラインでのお客様の行動と店舗在庫データを組み合わせ
チェックインにより顧客主導で自分に合った店舗体験を実現

出典：PLAID　プレスリリース　2021年11月25日付け「プレイドとTSIホールディングス、オンラインの顧客行動データと店舗在庫データを組み合わせた顧客体験価値開発に着手。ナノ・ユニバースの三店舗で「顧客の"タッチ"から始まる店舗体験」の実証実験開始」
https://plaid.co.jp/news/20211125/

来店時のアプリへの関連コンテンツ出し分けには、ITのツールが活用されています。PLAIDのマーケティングオートメーション（カスタマーエクスペリエンス（CX）プラットフォーム）、KARTEを用いて実現しています。

Part.2では、企業からの追跡型の情報発信は忌避されることをお伝えしました。しかし、ツルハドラッグやナノ・ユニバースのように、「顧客が必要する情報を必要なタイミング」での追跡であれば、顧客本位のおもてなしとなり、受け入れられやすい手法と言えます **04** 。

ロイヤル顧客を育成する

「この商品すごく好き」「このブランド子供の頃からずっと使っている」、みなさんもそのような愛着のある商品・サービスがきっとあるはずです。そして、その愛着は「あるきっかけ」を経て、自分から能動的に応援したくなる無二の存在になることもあります。

● 既存顧客の最高ランク「ロイヤル顧客」

既存顧客の中には、特定企業の商品やサービスを便利で有効なものであると感じ、手放せず使い続けるヘビーユーザーが一定数存在します。特に商品・サービスに愛着を感じ、熱狂的なファンとなる顧客もいるでしょう。このファンの存在は、企業にとって超高関与層として、売り上げに大きな貢献をもたらすとともに、企業の強いサポーターになってくれ

る最高ランクの顧客と言えます 01 。

では、具体的に、ロイヤル顧客とはどのような人を指すのでしょうか。確かに、たくさん買ってくれる上客であることは間違いないのですが、そこにRFMの説明で触れた時期と頻度も加え、RFMすべてが高い人であることが条件になります。

01 ロイヤル顧客とは

RFMのすべてが
高い顧客

マインドシェアの
高い顧客

ロイヤル顧客 ＝ 購買金額・頻度・近接購買とマインドシェアの
双方を併せ持ち、能動的に関与してくれる顧客

そして、意識の面においても、心の中にその企業の商品・サービスが占める割合である「マインドシェア」が、同じカテゴリの他メーカー商品に比べて高いことも条件です。RFMのすべてが高く、かつマインドシェアが高い、その双方を満たすのがロイヤル顧客です。ロイヤル顧客の特徴的な行動が、「能動的な関与」です。RFMが高く、高頻度で買ってくれるという点も能動的な関与と言えますが、それを超え、さらに企業に対して積極的に関与する行動をとるのが特徴です。

● ロイヤル顧客をどう育成すれば良いか

では、ロイヤル顧客はどのように育成すれば良いのでしょうか。育成などと言うといかにも企業視点と思われるかもしれません。企業が顧客との関係づくりにおいて能動的に行うアプローチ、と考えてください。とるべきアクションとしては、新規顧客獲得や既存顧客との関係維持と同様で、顧客の好む自然な接点の構築が重要です。しかし、ロイヤル顧客固有のアプローチで重要なのは、「顧客から企業への好意を積み上げる」ことです 02 。

その好意を獲得するために、企業や商品・サービスの魅力を知ってもらうことが重要です。しかし、顧客にとって企業や企業の販売する商品・サービスが魅力的であるかどうかは、顧客の企業に対するイメージや記憶が、顧客の価値観・判断基準にマッチしているということになります。しかし、その判断基準が明確であることは少なく、「何となく、いいな」と思う程度のものでしょう。したがって、企業は少なくとも、自社の提供する商品やサービスが、顧客にとってどのような価値をもたらすものであるのかを発信しなければ、顧客は判断できないでしょう。そこで企業が顧客に提供できる「価値」をコンテンツ化し、デジタル上のチャネルに配置します。顧客が「共感」し、自身にとってメリットのあるものであることがわかるようなコンテンツとして表現することが重要となるのです。

02 ロイヤル顧客の育成

アプローチ

アプローチ

アプローチ

企業

● 提供価値をコンテンツ化するには

　大企業や歴史の長い企業などでは、企業理念や社是のように、社会や顧客への「提供価値」が明確に定義されている場合があります。しかし、多くの企業では明確でない場合も多く、あったとしても「なんか、しっくりこないなぁ」と思われている場合もあります。そのような企業においても、ビジネスを展開する上での「強み」や、過去にビジネス上の「成功体験」などは、どの企業にもあるはずです。強みや成功体験を軸に、現在から未来にかけて、自社が社会や顧客に提供できる価値を自らで定義付け、開発する取り組みを行うことが重要です。

　この価値開発の取り組みは、経営者や経営企画部門の役割と捉えられがちです。しかし、顧客接点の最前線にいるマーケティング部門にも、この価値開発の取り組みに貢献できる部分が大いにあります。ファンづくりのバイブルである書籍『ファンベース』（佐藤尚之著　ちくま新書）では、このような企業の強みや価値を見い出す取り組みの中で、「ファンとの対話」からヒントを得ることを提唱しています。商品やサービスを通して、客観的に企業のことを見ているファンの意見は、企業に所属する社員が気付かない一面を発見してくれることもあるのです。

　企業が自身の強みを価値として見い出し、デジタルマーケティングの施策に展開している例をいくつか紹介したいと思います。企業が提供する価値の分類については、米国の経営学者でコンサルタントのデービッド・アーカー氏は、『ストーリーで伝えるブランド』（ダイヤモンド社、2019年）の中で定義しています。著書では、「価値を連想するもの（特定の企業や商品・サービスを想起させる要因）は、機能的な価値だけでなく、その情緒的価値、自己表現価値、社会的価値も影響する」と述べています。難解な表現ですが、この3つの価値軸について、理解を深めてみましょう。

03　情緒的価値の例（森永製菓　ハイチュウアート教室）

出典：MarkeZine 2021年2月24日付け　「マーケティングの仮説検証にも活用　森永製菓「エンゼルPLUS」に学ぶ、コミュニティ運営の成功法則」
https://markezine.jp/article/detail/35403

まずは、情緒的価値からです。情緒的価値とは、その製品や・サービスに対する「五感」で感じる価値と言えます。見た目のデザインや、ネーミング、実物があれば触感や匂い、味などの要素に対する感覚です。お菓子メーカーの森永製菓では、コロナ禍の2020年にオンラインLIVEを活用した、「ハイチュウアート教室」を同社の企業コミュニティ内で開催しています。お菓子固有の価値である、「楽しさ」「幸福感」を参加型のイベントとして提供することで、情緒的価値として提供しています 03 。

次に、自己実現価値です。こちらは一番難解な価値ではありますが、要は「自分の行動や価値観が間違っていないことを確認できること」と解釈すると良いと思います。セレブリティの着ているアパレルブランドを身に着けるなどの行動も自己実現価値の表れです。「そのセレブの価値観が信頼のおけるものであり、同じ行動をとる私は間違っていない」という意識であると言えるでしょう 04 。

04 自己実現価値

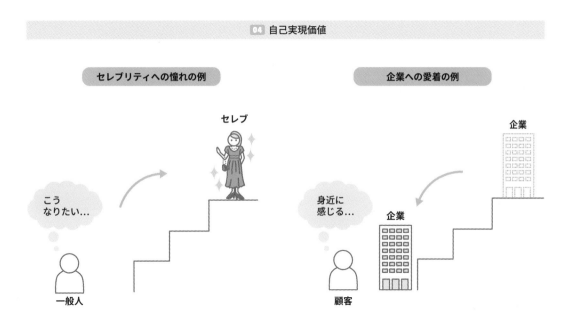

セレブリティへの憧れの例

こうなりたい...

セレブ

一般人

企業への愛着の例

身近に感じる...

企業

企業

顧客

では、顧客の自己実現価値を後押しするために、企業は何をしたら良いでしょうか？　セレブリティの例とは逆に、企業側が顧客との壁を外し顧客の視点に歩みよることが重要だと思います。顧客は、企業を身近に感じることにより、その企業の取り組みや考えにより共感し、自身がサポーターであることに優越感を感じるのです。

顧客の自己実現価値を、コミュニケーションで成立させているのが、JALです。Instagramなどの SNS公式アカウントからの発信を頻繁に行っていますが、発信する画像や動画の題材には客室乗務員や整備士、空港職員などJAL社員の登場することが多々あります。等身大のJALの発信を見ることにより、飛行機好きや旅行好きなど、顧客の自身の意識や行動が正当化され、価値を高める効果があると考えます 05 。

---

05 自己実現価値の例（JAL　公式Twitter）

乗ってみたい‥

行ってみたい‥

出典：JAL公式Twitter2022年11月24日付け
https://twitter.com/JAL_Official_jp/status/1595613720205746178?s=20&t=8fXSP03ZdWxBD_FA8nlp9A

出典：JAL公式Twitter2022年11月8日付け
https://twitter.com/JAL_Official_jp/status/1589754869875118082?s=20&t=8fXSP03ZdWxBD_FA8nlp9A

Part.3

最後の社会的価値は、企業の社会への貢献に顧客が共感し、自身もその貢献に能動的に関与することにより得る価値を指します。スマートフォンSIMを提供しているオプテージのサービス、mineo（マイネオ）の例を見てみましょう 06。mineoは余っている通信パケットを顧客共有のタンクにプールする「フリータンク」サービスを提供しています。顧客は一時的にパケットが足りなくなった月は、このフリータンクから充当することが可能です。顧客相互の助け合いの場を提供することが、maineoの社会的価値を高めている事例です。

この3つの価値提供の例に共通していることは、顧客側のアクションのハードルがそれほど高くないという点にあります。ロイヤル顧客は、企業が提供する価値に共感し、顧客自身が能動的に関与することで育成することができます。また、その能動的関与は単発ではなく、複数回の積み重ねが重要であるため、一つひとつの関与はライトであることが望ましいです。Twitterの「いいね」「リツイート」などは、アクションとしての労力も低いため、マインドシェアを蓄積するには有効と言えるでしょう。

06 社会的価値の例（mineo　フリータンク）

フリータンクはみんなの共有パケット貯蔵庫

出典：mineo
https://mineo.jp/service/data/freetank/

115

5 顧客のロイヤル度を計測し維持する

企業にとって重要なロイヤル顧客ですが、その心を捉え続け、能動的な関与を継続するためには、企業からの「プレゼント」が必要です。そして、そのプレゼントは、ロイヤル顧客に特別感を与えるおもてなしの心が備わって、はじめて心を捉えるのです。顧客の企業への愛情の度合い（ロイヤル度）を考えてみましょう。

● ロイヤル顧客の心を捉え続ける

　既存顧客との関係を深め、ようやく獲得したロイヤル顧客も、すぐに離脱してしまっては意味がありません。もっとも、社会全体や企業自体にネガティブな要素があってはロイヤル顧客の離脱もやむを得ないかもしれません（真のロイヤル顧客は、企業がネガティブな状況でも、逆に叱咤激励をくれることもあるのですが）。しかし、ネガティブな要素がなく、だんだんと関係が疎遠になっていく状態は食い止めなければいけません。こうした状況においては、継続的な複数接点のコミュニケーションにはすでに無関心で、スルーされてしまう状況かもしれません。

　そんな際に有効なのが、渾身のおもてなしの意を込めた「プレゼント」でしょう。プレゼントと言っても、企業と顧客の関係です。商品やサービスに関係するもの、例えばクーポンやお試し品などをイメージしてください。

　このプレゼントについても、効果的なタイミングを見極め、適切なチャネルとコンテンツであるプレゼントのアイテムを選定すると効果的です。その見極めに重要となるのが、やはり「データ」なのです。ロイヤル顧客を含める既存顧客は、メールアドレスなど個人を識別できるIDがわかっている場合が多いでしょう。まずは、アンケートなどできっかけをつくり、顧客の意識や反応を見ながら、「プレゼント」の種類やタイミングを変えていくのが良いと思います。 **01** 。

Part. 3

01　効果的なおもてなしタイミングを見極める

リラックスタイム？

仕事中？

食事のとき？

待ち時間？

就寝前？

いつ渡す？

● 顧客のロイヤル度を計測する

　アンケートの設計手法としてよく用いられるのが「顧客満足度調査」です。企業の取り組みに対し、「満足である」から「不満である」を5段階程度で聴取します。しかし、ロイヤル顧客を含む既存顧客への満足度調査では、「非常に満足である」「やや満足である」

といった、ポジティブな回答が集まりやすい傾向にあります（これを「バイアス」と呼びます）。この難点を解決するために、ここでは満足度調査を少々進化させた「NPS調査」という方法がとられます **02**。

　NPS®はネットプロモータスコアの略で、回答者の

02　NPS調査

設問：あなたは○○を親しい友人や知人にどの程度薦めたいと思いますか」

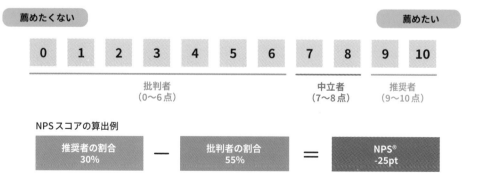

薦めたくない　　　　　　　　　　　　　　　　　　薦めたい

| 0 | 1 | 2 | 3 | 4 | 5 | 6 | 7 | 8 | 9 | 10 |

批判者（0〜6点）　　中立者（7〜8点）　　推奨者（9〜10点）

NPSスコアの算出例

| 推奨者の割合 30% | ー | 批判者の割合 55% | ＝ | NPS® -25pt |

117

対象への愛着を「他者への推奨度」として評価します。設問としては、「あなたは、この企業の商品をほかの人にどの程度薦める可能性があるか？」との問いに、「10：非常にそう思う」から「0：全くそう思わない」の11段階で回答を付けます。そして、10点・9点を「推奨者」、8点・7点を「中立者」、6点~0点を「批判者」として3つのグループに分類するのです。NPSの特徴は、「中立者」「批判者」の扱いです。日本人にありがちな「平均からややポジティブ」である「7~8点」を中立者、「5~6点」を批判者として扱い、全体のポジティブへの偏りを厳しめの方向に補正している点が、一般的な満足度調査と異なる点でしょう。

また、NPSの優れている点は他にもあります。一般的な満足度調査は、自身と企業の関係で発生した「過去の事象」に対して評価を聞いています。これに対し、NPSは「未来に他者へ推奨する可能性があるか」という、まだ起こっていないアクションの可能性を聞いている点が優れています。この調査でスコアの高い顧客は、少なくとも現時点においてのマインドシェアは高いと言えます。

また、NPS調査は「推奨者の割合」から「批判者の割合」をマイナスすることにより、スコア化することが可能です（NPSスコア）。このNPSスコアは、業種や調査母集団により大きく異なるものの、参考値としてベンチマーク可能な調査結果が公開されています。NTTコム オンライン・マーケティング・ソリューションなどがWebサイトに公開していますので、参考にしてみてください。

NPSスコアは、ベンチマークする業種と比較して良かった・悪かったといって、一喜一憂するものではありません。あくまでも、自社の既存顧客・ロイヤル顧客の状態を知るための健康診断結果として捉えるのが正しい活用方法です。したがって、健康診断結果の正常、異常を判定する場合は、公開されているベンチマーク値と比較するのではなく、特徴がわかっているグループのNPSスコアと比較するのが正確に状況を把握する方法となります。例えば、自社のロイヤル顧客を対象としたNPSスコアに対し、購買経験のない顧客グループや、キャンペーン応募顧客のグループのNPSスコアと比較することは意味があるでしょう。自社の施策に対して、グループごとの接点の違いは推測可能と思いますので、NPSスコアの違いが接点における体験の差であると、識別できるからです。

このような、NPSスコアと顧客体験の関係を掘り下げて分析するコンサルティングサービスを行っているのがエモーションテックです。同社のソリューションではまず、各顧客のNPSスコアと、購買などの行動データを紐付け、NPSスコアとの相関を確認します。そして、NPSスコアと、企業との接点における顧客体験と、それを構成する具体的な要素を、NPSと同時進行のアンケートで聴取します。NPSスコア、購買実績、顧客体験、顧客体験に関する反応のアンケート結果、それぞれをデータで結び付け、相関を見ることによって、「どの体験がどのようにNPSスコアに反映し、購買につながっているのか」を知ることができるのです 03 。

ロイヤル顧客がマインドシェアと購買金額の双方が高いという定義からすると、購買金額との関連付けは重要な指標と言えます。ID-POSデータなどがあれば良いのですが、ない場合はこちらもNPSと同時にアンケートを取りましょう。精緻でなくても構

いませんので、おおよその購買金額や、購買頻度、最終購買日などは、アンケート項目とすることが望ましいです。

● ロイヤル度を維持する、渾身のおもてなし

顧客ごとのロイヤル度が計測できたら、離脱の可能性の高いロイヤル度低下層を中心に「プレゼント」を用い、渾身のおもてなしを行うべきでしょう。プレゼントは決して高価である必要はなく、提供する商品・サービスの価格帯に見合う予算で設計します。

しかし、高価である必要はなくても、「意味あるもの」でなければいけません。商品やリービスの提供する価値との親和性を考え、そのプレゼントが顧客の記憶の中に良質のエピソードとして格納されることを意識しましょう。

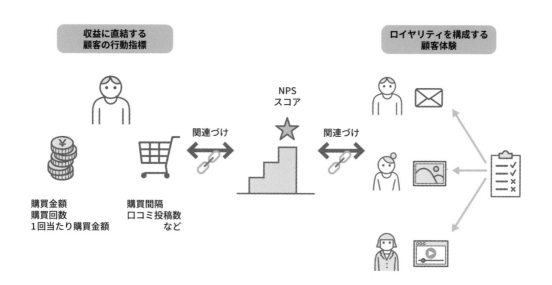

03 NPSを活用した顧客購買行動の要因分析

収益に直結する顧客の行動指標

ロイヤリティを構成する顧客体験

NPSスコア

関連づけ

関連づけ

購買金額
購買回数
1回当たり購買金額

購買間隔
口コミ投稿数
など

例えば、高級車であるレクサスでは、オーナー専用のプログラムとしてドライブサポートや、オーナーラウンジが利用できる他、オーナー限定のイベントも開催されるそうです。2021年末には、富士スピードウエイで、愛車で参加するサーキット走行体験イベントがあったとか。レクサス各店舗には会員専用のラウンジが設置されており、コワーキングスペースとして利用することも可能です。レクサスは、他にもキャンプ用品のスノーピークとタイアップしたグランピングイベントや、野菜の収穫体験イベントなど、「車を使って楽しく出かける」コンテンツを提供しています 04 。

また、化粧品の販売を行うオルビスでは、直近1年間の購買金額に応じたメンバー区分を設け、それぞれの区分に応じた特典を提供しています。最高位は

VIP会員です。ポイント特典の他に専用のWebページが用意されます。そして、VIP限定のオンラインカウンセリングやライブイベント、新商品発表会など、特別なおもてなしの場が提供されるのです。化粧品を軸として顧客視点で課題解決の場を提供し、ライフスタイル全般に対して手厚い支援をで提供しています。

紹介した事例のポイントは、自社の特定の顧客に狙いを定め、「限定」のプレゼントを提供している点です。限定のプレゼントは、特別感の演出が重要です。決して高額の商品である必要はなく、しかし、そこでしか手に入らない価値を付加することが、顧客の記憶に特別なエピソードとして印象付けることになるのです。

04 レクサスのオーナープログラムの例（富士スピードウエイサーキット体験）

出典：moment DIGITAL magagine　2022年3月25日付け　LEXUSオーナー限定のサーキット体験イベント開催
https://moment.lexus-fs.jp/general/car/20220315-01/

ファンとのつながりが新たな価値を生み出す

企業の商品・サービスに愛着を持つロイヤル顧客は、ひとりだけではありません。複数のロイヤル顧客はグループとなって、企業のサポーターとなってくれる存在です。企業は、このロイヤル顧客同士の出会いの場を自らつくり、顧客と一緒に企業の商品・サービスへの愛着を確認する場を演出するのです。

● 企業にとってファンは大切なサポーター

企業にとって、商品やサービスに対し愛着を持ったロイヤル顧客（ファン）は、ときとして企業の重要なサポーターの役割を果たすことがあります。もちろん、商品やサービスの愛用者であるがゆえに、その機能的な価値の提供が継続されていることが前提になります。そして、ときに、ファンはその価値に共感を感じ、企業に対し嬉しい「恩返し」をしてくれることもあります。「そんな、都合の良い話はあり得ないだろう」と思われるかもしれませんが、現実として多くのファンの集まりでは、それが起きているのです。

企業からの提供価値のパートで紹介した、「自己実現」という意識も働くようです。マズローの欲求5段階説という理論を聞いたことがある方は多いでしょう。人間の欲求は5段階のピラミッドのように構成されていて、低位の欲求から「生理的欲求」「安全の欲求」「社会的欲求」「承認欲求」「自己実現欲求」の5段階で構成されます 01 。

01 マズローの欲求5段階説

高次欲求

自己表現欲求
承認欲求
社会的欲求
安全の欲求
生理的欲求

低次欲求

低次の欲求が満たされると、
より高次の欲求に移行する

最高位である「自己実現欲求」により、自身の愛する企業の商品・サービスに能動的に関わりたいという思いが生まれ、口コミやレビューなどのサポート行動に至るのです。

● ファンの発信は信頼できる第三者のお墨付き

ファンの企業へのサポート行動の代表例は「口コミ」です。SNSを中心に、自分の愛着のある商品やサービス、企業の取り組みについて、自身のサポートの意思を発してくれます。このファンからの口コミは、企業が発信するよりも信頼される効果が高いと言われています。ウィンザー効果と呼ばれ、直接利害関係のない第三者による発信は、高い信憑性を獲得しやすいという心理効果です。信頼を獲得しやすいファンの口コミを、マーケティングに活用しない手はありません。恣意的ではなく、自然にファンの声を生み出し、それをファン自身で拡散するための誘発装置を構築するのが理想です 02 。

SNS公式アカウントからの情報発信と、フォロワーの獲得も口コミ誘発装置の一種です。それをさらに企業主導で運営するのが、企業コミュニティです。企業コミュニティの運営には、専用のプラットフォームや、運営サポートを行ってくれるサービスなどがあり、それらを活用して進められます。テキストや画像をSNSのタイムラインのように投稿する機能や、ブログ形式の掲示板、チャットによるコミュニケーションなど、提供される機能はさまざまです。会員となる顧客のプロフィール管理や、投稿などのアクションに応じてポイント付与を行う機能を備えたプラットフォームもあります。利用する機能が豊富であれば、その分コストも増加しますので、ファンと何を実現したいかの要件と予算に応じて選択することをおすすめします。

02 口コミを生み出す誘発装置をつくる

既存顧客を集め、興味関心を高める
話題を提供することにより口コミを誘発する

● コミュニティを活用したファンマーケティング

企業コミュニティを活用したマーケティングで実現するのは、口コミの誘発だけではありません。企業が進む方向性についても、コミュニティ会員である顧客に確認することが可能です。アンケートパネルとして、コミュニティを活用するのはよく行われる活用方法です。能動的に関与してくれるコミュニティ会員は、スピーディに企業からの問いかけに回答を寄せてくれます。

また、少人数を集めて詳細なインタビュー（デプスインタビュー）を開催することも可能です。MROC（エムロック：Market Research Online Community の略）と呼ばれる、オンラインによる双方向の意見交換の場を設計することもあります。コミュニティでのこれらの調査は、主に、マーケティング上の仮説が

ある状態でのその検証に使われます **03**。

さらに、能動的に関与してくれる、企業や商品・サービスに愛着を持ってくれているファンの思いは熱く、時には企業側のアイディア発掘に協力もしてくれます。商品開発や改良、プロモーションのアイディア、企業が気付いていない自身の特徴や強みなどの意見も収集することが可能です。Section 4で紹介した、書籍「ファンベース」では、このファンの積極的な関与を生み出す方法として「ファンミーティング」の開催を推奨しています。テーマを絞り過ぎず、「あなたの〇〇ベスト商品」「未来の〇〇について語る会」のような、自由な雰囲気の場をつくり、ファン同士の意見交換の中から、新しいアイディアや気付きを得られるのです。

03 企業コミュニティの活用パターン

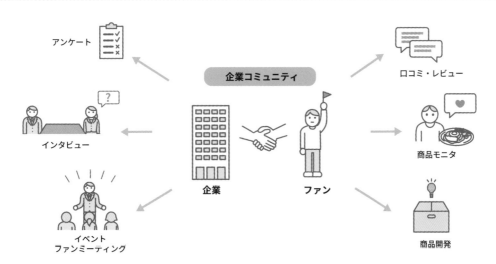

● ファンと一緒に新しい価値を生み出す

ファンとの取り組みから得られる成果は、考え出せばキリがありません。ファンが発する声は、プロモーションにも活用することができます。例を挙げると、寝具メーカーの西川が運営する眠りのコミュニティ「みんなの眠（みん）ラボ」では、眠りに関する川柳のコンテスト企画を運営しています 04 。2022年のコンテストで最優秀賞に輝いた川柳は、その後

店頭のPOPに活用されました。川柳は、ファンである会員が気楽に投稿できるのも、人気の理由かもしれません。このようにコミュニティから発信されるコンテンツのことを、UGC（User Generated Content：ユーザー生成コンテンツ）と呼んでいます。コミュニティは良質なUGCを生み出す誘発装置であると言えます。

---

04 コミュニティ投稿の川柳を活用したPOP作成の例（西川　みんなの眠ラボ）

出典：西川　みんなの眠ラボ
https://minlabo.nishikawa1566.com/senryu/futon2210

Part. 3

そして、企業がコミュニティから生み出す、最良の価値は商品やサービス、プロモーションにかかわるアイディアを募る「共創」の取り組みと思います。商品改良・プロモーションのアイディア出しや、企業が考えている商品のイメージや方向性の評価には、ファンであるコミュニティ会員は喜んで協力してくれます。私が実際に経験した例をひとつご紹介しましょう。商品開発担当から「助かったよ」と感謝の言葉を貰ったお客様の声収集のお題は、「高齢者にも使いやすい容器の改良をするのだけど、地方エリアで70代以上の方を10人くらい集めて」でした。「え、そんな無茶な……」とは思いましたが、コミュニティで募集をかけたところ即日解決。無事、インタビューを行うことができました。

顧客の声を商品の改良に活かす先行例は、無印良品を展開する良品計画です。2014年に開設された「IDEA PARK」は、その後2年で10,000件以上の声を集め、200点以上の商品改良につながりました。現在も、IDEA PARK上では無印良品ファンたちからの活発な書き込みが行われています **05** 。

05 コミュニティでの共創取り組みの例（良品計画　IDEA PARK）

出典：良品計画　IDEAPARK
https://lab.muji.com/jp/ideapark/

長年、ファンとの共創の取り組みを、形を変えて継続しているのがカルビーです。スナック菓子「じゃがりこ」は、コミュニティ「それいけ！じゃがり校」を2007年に立ち上げました。14年間の運営で、数多くのじゃがりこのバリエーションを生み出しましたが2021年に閉鎖。そして新たにSNSの公式アカウントを活用した新たなコミュニティ運営に移行しました **06**。移行の閉鎖の理由として、閉じたコミュニティからSNSへ移行することによりファン層の拡大を図ったとのことです。カルビーはじゃがりこのほかにも、ブランドごとに共創の運営形態を使い分け

て展開しています。例えば、堅揚げポテトでは、SNSではない掲示板などの従来型のコミュニティを活用して、コミュニケーション展開しています。コアなファン属性や意識、熱量の違いは、ブランドによって異なります。ターゲットとなる顧客層によって適したものを選ぶ必要があるのでしょう。

カルビーの例では、コアファンの集まるチャネルを分析し、じゃがりこはSNS、堅揚げポテトはコミュニティが集まるファンの自然なチャネルであり、コンテンツを提供するのに最適な場所であると判断したのだと考えられます。

06 SNSとWebサイトを活用したコミュニティの例（カルビー　じゃがりこ）

SNSと
Webサイトを
連携

若年層を意識し、TikTokを活用

出典：カルビー公式Twitter
https://twitter.com/jagarico_cp/status/1602571287645523969?s=20&t=l1aHcsJ9XO0_01DqyAWSEA

出典：カルビー
https://www.calbee.co.jp/jagarico/article/detail/404

Part.
4

デジタルマーケティングの"落とし穴"

コンプライアンス対応にも目を配る

Webサイトで瞬時に情報を得ることができ、SNSで誰もが情報発信を行える状況は、企業がひとたび法律や社会規範に反する行動をとると、バッシングも指数的に拡散してしまうことを意味します。デジタルマーケティング担当者は、この負の側面を踏まえ、コンプライアンス対応にも、目を配らなければなりません。

● デジタルマーケティングで考慮すべきコンプライアンス対応とは

　ここまでのデジタルマーケティングの紹介は、顧客の注目と興味を惹き、購買を促したのち、永く良い関係を継続するための方法を説明しました。上手に使えば、企業の販売・マーケティングの大きな武器

となることがおわかりいただけたと思います。しかし、デジタルマーケティングは、使い方を間違えると企業にとって大きなマイナスになることもあります。このSectionでは、デジタルマーケティングを進め

01 デジタルマーケティングで気を付けるべき「コンプライアンス対応」

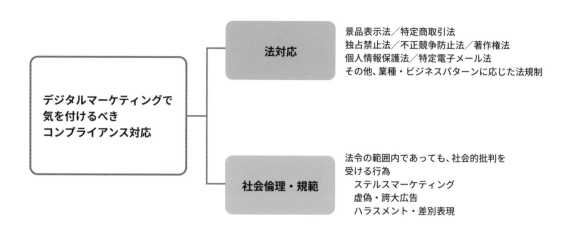

る上で気を付けるべきポイントである、「コンプライアンス対応」について解説します。コンプライアンス対応と言うと、領域が広過ぎるので、特にデジタルマーケティングで重要となる法対応と、社会や顧客との関係においての倫理・規範の観点を解説します 01 。

● 消費者に誤解や間違った判断を与えないための法規制

まず、法対応として、デジタルマーケティングでもっとも頻繁に確認する機会が発生するのが、WebサイトやECサイトに表示するテキスト表現のチェックに関する法律です。顧客である消費者に、誤解や間違った判断を与えないために、正しい知識を持つ必要があります。関係の深い法律は、景品表示法（不当景品類及び不当表示防止法）です 02 。景品表示法は、不当な表示や過大な景品類の提供による顧客の誘引を防止するための法律です。消費者の自主的かつ合理的な選択を阻害する恐れのある行為を禁止することを目的としており、その対象範囲にはWebサイトも含まれています。Webサイト、ECサイトな

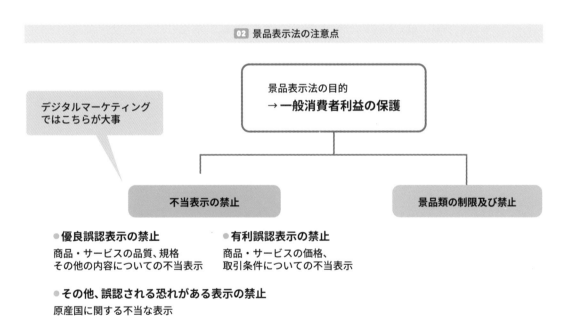

02 景品表示法の注意点

デジタルマーケティングではこちらが大事

景品表示法の目的
→ **一般消費者利益の保護**

不当表示の禁止　　　　　　　　**景品類の制限及び禁止**

● **優良誤認表示の禁止**
商品・サービスの品質、規格
その他の内容についての不当表示

● **有利誤認表示の禁止**
商品・サービスの価格、
取引条件についての不当表示

● **その他、誤認される恐れがある表示の禁止**
原産国に関する不当な表示
おとり広告　など

出典：消費者庁パンフレット『事例で分かる景品表示法』を基に、筆者が作成
https://www.caa.go.jp/policies/policy/representation/fair_labeling/pdf/fair_labeling_160801_0001.pdf

どで特に気を付けるべき点は、「優良誤認表示」と「有利誤認表示」です。優良誤認表示は、商品・サービスの品質規格などを、実際よりも著しく優良であると誤認させるような表示のことを指します。

例えば、ECサイトでセーター販売しているとしましょう。「カシミヤ100%」と表示していたものが、実際には80%しか使用していなかったといった場合は優良誤認に当たります。一方、有利誤認表示とは、価格や取引条件が実際のものよりも著しく有利であると誤認させる表示のことを指します。他社と販売単価が同一にもかかわらず、「地域最安値」などといった表示をすることは有利誤認の違反になります。また、高い価格を通常価格として提示しながら値引きした価格を表示する場合、通常価格で販売した実績がなければ「二重価格表示」の対象になります。

さらに、「おとり広告」のルールにも注意が必要です。消費者庁からの指導の実例となったのが、2022年6月の回転寿司チェーンスシローのケースです。同社はキャンペーンとして高級ネタの寿司を安価に提供する広告を打ちつつも、実際には9割近い店舗で販売ができない状況であったとのことです。このスシローのケースは、「在庫がないのにも関わらず、広告を表示し続けた」という点が、デジタルマーケティングの施策としては留意すべき点です。ビジネスの不確実な状況は、ときにやむを得ない状況に直面します。しかし、このような場面に遭遇したとしても、消費者とのコミュニケーションの面では、迅速に正しい状況を届けるべきであると考えます。広告出稿やWebサイト・SNS投稿などの情報発信は、ビジネスの状況と連動して、迅速な改廃を行うことが求められることを念頭に置くべきでしょう。

また、景品表示法は、主に一般消費者向けを保護対象としており、B2Bビジネスにおいては適用されない部分があります（B2Bにおいても、懸賞などを行う際には対象となる場合もあります）。しかし、競合他社との比較で、自社を著しく有利に表現するような場合は、独占禁止法や不正競争防止法の対象になる場合がありますので、注意しましょう。

● 特定の取引や、デジタルマーケティング施策ごとの関連法規制

EC販売のように、「消費者トラブルを生みやすい取引」については、「特定商取引法」も対象となります。景品表示取引法と同様に、誇大広告を禁止している他、広告を伴う内容の電子メール送信について、守るべきルールが定められています。また、電子メール送信に関する規制は、特定商取引法とは別に「特定電子メール法（特定電子メール送信適正化法）」もあります。特定商取引法が通信販売取引を対象にしているのに対し、特定電子メール法は営利目的の事業者すべてが規制対象とされています。この電子メールに関する2つの法律では、メール内容が広告を目的としている場合、送信の事前に受信者から同意を得ることが義務付けられています。また、取得した同意について記録を保管することも求められています。そのため、顧客情報の登録などでメールアドレスを取得し、その後メールマガジンなどを送信する場合には、必ず目的を提示し、顧客が受信することを認識するようなアクションを加え、同意を取得すること

会社名 ※	[　　　　　　　　　　]
お名前 ※	[　　　　　　]
お名前(フリガナ) ※	[　　　　　] 全角カタカナで入力してください。
メールアドレス ※	[　　　　　]
メールアドレス（確認用）※	[　　　　　] 念のため、もう一度入力してください。
お電話番号 ※	[　　　　　] 例) 03-5348-8070
ご住所 ※	[　]-[　] 東京都 ▼ [　　　　　　　]
ご質問	ご質問などありましたら、ご自由にお書きください。 [　　　　　　]
個人情報の取り扱い ※	「個人情報の取扱いについて」 ※ 別ウインドウが開きます 上記リンク先の個人情報の取扱いにご同意いただけますか？ ☐ 個人情報の取扱いに同意する
ご案内のメール等について ※	お問い合わせ頂いた方に当社の新製品や活用事例、キャンペーンに関するご案内のメールなどをお送りしてもよろしいですか？ ◉ 案内を受け取る　○ 案内を受け取らない

(入力内容確認)

入力内容をご確認の上、宜しければ送信ボタンを押してください。 ▲

出典：ブラストメール メルマガ 「特定電子メール法」とは？違法にならないためのポイントを理解しましょう！
https://blastmail.jp/blog/mailmagazine/mail-law

Section 1 コンプライアンス対応にも目を配る

が必要です **03** 。

電子メールだけでなく、Webサイトを運営する際には、他にもさまざまなサービスが含まれる場合があります。例えば、賃貸アパートや求人などは「仲介」のサービス提供を行っていますし、「決済の代行」のサービスが組み込まれているサイトもあるでしょう。そして、そのサービスごとに対象となる法規制も拡大します。図は、書籍『良いウェブサービスを支える「利用規約」のつくり方』（雨宮美紀・片岡玄一・橋詰卓司著　技術評論社）に紹介されている、Webサービスの類型モデルと関連法規制の抜粋です。EC取引においても、お酒を販売すれば「酒税法」の対象になりますし、薬であれば「薬機法」が関係してきます。また、チャットやメールなど私信の媒介をするサービスであれば「電気通信事業法」も対象となります。自社の業種や運営サービスの形態により、関連する法規制に抜け漏れがないかどうかをチェックしましょう **04** 。

04 Webサービスの類型モデルと関連法規制

Webサービスの類型モデル	提供する商品・サービス	規制する法律
情報仲介型	不動産物件の賃貸や売買の仲介	宅地建物取引業法
	求人・求職情報の仲介	職業安定法
	旅行・ホテル情報の仲介	旅行業法
コミュニケーション型	チャットやメール等私信の媒介	電気通信事業法
	異性同士の出会いの機会提供	出会い系サイト規制法
EC型	食品の販売	食品衛生法
	酒の販売	酒税法
	薬の販売	薬機法
クラウドファンディング型	個人からの少額購入・寄付・融資・出資の募集	金融商品取引法・出資法・銀行法・資金決済法・特定商取引法
決済手段提供型	決済の代行	出資法・銀行法・資金決済法

出典：『良いウェブサービスを支える「利用規約」のつくり方』（雨宮美紀・片岡玄一・橋詰卓司著　技術評論社）

● 制作物全般に関する法規制

商品をはじめWebサイトやECサイト等の制作物全般に関連する法律として、著作権法が挙げられます **05**。著作権法が対象とする著作物は、小説・脚本・論文・講演などの言語の他、音楽、絵画、建築物、地

05 著作権（財産権）の種類

複製権	印刷、写真、コピー機による複写、録音、録画などあらゆる方法で「物に複製する」権利で、著作権の中で最も基本的な権利
上演権・演奏権	音楽の演奏会や演劇の上演のように、多くの人に著作物を直接聴かせたり、見せたりする権利。演奏を収録したCDなどを多くの人に聞かせることも含まれる
上映権	フィルムやDVDなどに収録されている映画、写真、絵画などの著作物を、多くの人に見せるためにスクリーンやディスプレイ画面で上映する権利
公衆送信権	テレビ・ラジオ・有線放送、インターネットなどによる著作物の送信に関する権利。ホームページに著作物を載せて、誰かからアクセスがあれば、いつでも送信できる状態にすることは「送信可能化権」として、この権利に含まれる
公の伝達権	テレビ・ラジオ・有線放送、インターネットなどによる著作物の伝達に関する権利
口述権	小説や詩などの言語の著作物を朗読などの方法で多くの人に伝える権利
展示権	美術の著作物および写真の著作物（未発行のもの）を多くの人に見せるために展示する権利
頒布権	劇場用映画のように、上映して多くの人に見せることを目的として制作された映画の著作物を販売したり貸したりする権利
譲渡権	映画以外の著作物またはその複製物を多くの人に販売などの方法で提供する権利
貸与権	映画以外の著作物の複製物を多くの人に貸し出しする権利
翻訳権・翻案権など	著作物を翻訳、編曲、変形、脚色、映画化などの方法で二次的著作物を創作する権利
二次的著作物の利用権	自分の著作物（原作）から創作された二次的著作物を利用することについて、原作者が持つ権利

出典：文化庁　みんなのための著作権教室「学ぼう著作権　①著作権とはどんな権利？」を基に筆者が作成
http://kids.cric.or.jp/intro/01.html

Section 1　コンプライアンス対応にも目を配る

図などの図面、写真、映画（動画）、プログラムなどです。著作物は、私的利用や、図書館、教科書など一部の目的以外は、著作者の了解なしに、著作物自体の公表や著作者の氏名の公開、著作物の改変を行ってはいけません（著作人格権の侵害）**06**。また、複製やインターネット上への送信なども、権利の侵害に当たります（財産権の侵害）。よって、他人の著作物を利用する場合は、著作権者を探し許可をもらう必要があります。

　著作物は、創作した時点で自動的に権利が発生します（無方式主義）。よって、Webサイト用の画像や動画の素材を探すような場合に、著作権の所在を明記していなくても勝手に利用することはできません。また、「いらすとや」に代表されるような、公共性を重視して無償でダウンロード可能なサイトもありま

すが、著作権自体は放棄していない場合が多く、使用方法に制限を設けている場合があるため、利用規約を注意して読む必要があります **07**。また、他人の著作物を自分の著作物に引用することは、その必然性や報道・批評・研究など正当な目的があることを条件に可能となっています。その際には、引用した部分を「」でくくるなど、自分の著作物と引用する著作物をはっきりと区別し、引用元の題名・著作者名・出版社名・引用箇所（ページ数など）を示すことが必要となります。

　デジタルマーケティングの情報発信に権威やインパクトを持たせるために、他の著作物からの引用はよく行われる方法です。よって、著作権法の知識を正しく身に着けて、効果的なコンテンツ制作を進めることが重要です。

06 著作権法の留意点

著作権法

著作人格権侵害 → （著作者の了解なしに、著作物自体の公表や著作者の氏名の公開、著作物の改変を行ってはならない）

財産権の侵害 → （著作物を著作者の了解なしに、複製や譲渡、貸与などを行ってはならない）

インターネット上に著作物を公開するときも注意が必要だ…

ご利用について

ご利用規定

当サイトで配布している素材は規約の範囲内であれば、個人、法人、商用、非商用問わず無料でご利用頂けます。「よくあるご質問」に詳しく記載しておりますのでご利用の前に一度ご確認ください。

当サイトのイラストは以下の場合、ご利用をお断りします。

公序良俗に反する目的での利用
素材のイメージを損なうような攻撃的・差別的・性的・過激な利用
反社会的勢力や違法行為に関わる利用
素材自体をコンテンツ・商品として再配布・販売
（LINEクリエイターズスタンプ等も含みます）
その他著作者が不適切と判断した場合

著作権

当サイトの素材は無料でお使い頂けますが、著作権は放棄しておりません。全ての素材の著作権は私みふねたかしが所有します。

素材は規約の範囲内であれば自由に編集や加工をすることができます。ただし加工の有無、または加工の多少で著作権の譲渡や移動はありません。

出典：いらすとや
https://www.irasutoya.com/p/terms.html

Section 1　コンプライアンス対応にも目を配る

2 新しい個人情報保護法を正しく理解する

個人情報をネットワーク越しに閲覧し、搾取することは犯罪であり、防ぐべきことであります。こうした個人の権利を守るために、個人情報保護法は制定されています。企業は、この法律に定められたルールを守りながら、正しくマーケティング活動を進めることが肝要です。

● 個人情報保護法とは

デジタルマーケティングを進める上で、特に重要となるのが個人情報保護法です。個人情報保護法は、1990年代の急速な情報化により、行政や企業が膨大な情報を管理することが可能になった結果、個人情報漏洩やプライバシー侵害へのリスクが高まったことにより、2003年に成立し、2005年施行されました。

同法が定める個人情報の定義は、「生存する個人に関する情報」であり、「当該情報に含まれる、氏名・生年月日・その他の記述等により特定の個人を識別できるもの」、又は「個人識別符号が含まれるもの」とされています。個人情報には、住所・電話番号・メールアドレスの他、本人の氏名と組み合わせた場合、会社における職位や所属なども該当します。また、本人が判別できる映像や、音声情報も該当します。

個人情報保護法が、取り扱う企業などに求めるルールとして、まず個人情報を取得した場合は、その利用目的を本人に通知、または公表することが必要となります。そして、保管の際には情報漏洩などが生じ

ないように、安全に管理することが求められます。保持しているデータについて、提供者本人から開示を求められる場合も考えられます。その際は開示を行い、求めに応じて訂正や利用停止などの対応を行わねばなりません **01**。

デジタルマーケティングにおいて、顧客とのコミュニケーションの精度を高めるためには、個々の顧客の行動データを蓄積します。この顧客に紐付く行動データを取得し、マーケティング施策に活用する際に、個人情報保護法が定める規定を遵守しなくてはなりません。その際に個人情報を別の事業者に譲渡し活用することが考えられます。第三者へ個人情報を渡す場合は、原則として、あらかじめ本人の同意を得ることが必要です。

取得・利用するとき	取得・利用するとき個人情報を取得した場合は、その利用目的を本人に通知、または公表すること
保管するとき	保管するとき情報の漏洩などが生じないように安全に管理すること
開示を求められたとき	開示を求められたとき本人からの請求に応じて、個人情報を開示、訂正、利用停止などすること
他人に渡すとき	他人に渡すとき個人情報を本人以外の第三者に渡すときは、原則として、あらかじめ本人の同意を得ること

出典：『個人情報の保護に関する法律についてのガイドライン（通則編）』（個人情報保護委員会）

● 社会の変化と個人情報保護法強化の歴史

　個人情報保護法は、社会・経済情勢の変化などに対応して、個人情報の有用性を保つことと個人の権利・利益を保護することのバランスを取るため、3年ごとに見直しが行われます。過去の見直しでは、2015年成立の改正法において、いわゆる名簿屋対策として、個人情報の第三者提供に係る確認記録作成を義務化しました。また、同じく2015年の改正では、規制だけではなくビッグデータ活用の観点として、匿名加工情報（特定の個人を識別することが不可能かつ個人情報を元の状態に復元することができないように加工した情報）が新設されました。

　2015年改正以降も、個人情報に関連する社会問題はたびたび発生しています。記憶に新しいのが、2019年に起きた「リクナビ事件」です。就職活動情報サイト「リクナビ」を運営するリクルートキャリアが、就活生の「内定辞退率」を本人の同意なしに予測し、有償で企業に販売していた問題です。同事件では、リクルートキャリアは、個人情報保護員会から指導・勧告を受けています 02 。リクナビ事件についてはこの後も説明しますが、リクナビ事件が発生した2015年改正時点の個人情報保護法では、単一の企業（この場合はリクルートキャリア）が持つ情報だけでは個人情報保護法の対象とはなっていませんでした。しかし、提供先（就活生を受け入れる企業）が持つエントリーシートは個人情報であり、個人情報保護法の対象です。

　リクナビ事件では、この両社が持つ情報の組み合わせが、個人への不利益に発展したとして、個人情報保護委員会は、提供元のリクルートおよびリクルートキャリアと、提供先企業の35社に対し、指導・勧告を行っています。

　また、2021年3月には、コミュニケーションアプリのLINEで、同社の保持する利用者の個人情報が、海外関連会社のサーバに保管され、サービスを開発する委託先から閲覧可能な状態にあったことが、問題視されました。

このように、個人情報保護法に関連しては、たびたび社会的に大きなニュースとなることがあります。リクナビ事件のように、情報提供者だけでなく情報利用者についても指導の対象となることがあり、注意が必要です。

02 リクナビ事件に関する指導・勧告内容

個人情報の保護に関する法律に基づく行政上の対応について

令和元年 12 月 4 日
個人情報保護委員会

　本日、個人情報保護委員会は、いわゆる内定辞退率を提供するサービス（注）に関し、株式会社リクルート（以下「リクルート社」という。）及び株式会社リクルートキャリア（以下「リクルートキャリア社」という。）に対し、個人情報保護法に基づく勧告を行った。また、同サービスの利用企業に対し、同法に基づく指導を行った。
　なお、リクルートキャリア社に対しては、8 月 26 日付で勧告等を行っているが、当該勧告等の原因となった事項以外にも個人情報保護法に抵触する事実が確認されたため、改めて勧告を行ったものである。
（注）採用活動に応募した学生等の情報とリクナビ会員情報を突合し、リクナビ上の閲覧履歴等を基に内定を辞退する確率（以下「内定辞退率」という。）を算出して提供するサービス。

---

(2)　主な勧告事項
　　個人データを取り扱う際に、適正に個人の権利利益を保護するよう、組織体制を見直し、経営陣をはじめとして全社的に意識改革を行い、以下の事項を含め、必要な措置をとること
　〇　新しい商品等を検討する際に、法に則り適正に個人情報を取り扱うよう検討し、設計する体制を整備すること
　〇　個人情報を取得する際は、商品等の内容をできる限り特定し、当該利用目的の通知又は公表を適切に行うこと
　〇　リクルート社においては、業務を委託する場合は、委託先に対し、必要かつ適切な監督を行うこと

2　本サービスを利用していた企業に対する指導
　本サービス利用企業に対する調査の結果、本サービスに関する利用目的の通知又は公表等が不適切であったことや個人データを外部に提供する際の法的検討ないし当該法的整理に従った対応等が不適切であった。
　このため別紙に掲載する企業に対し、以下の事項について適切に対応するよう指導を行った。
(1)　利用目的の通知、公表等を適切に行うこと
(2)　個人データを第三者に提供する場合、組織的な法的検討を行い、必要な対応を行うこと
(3)　個人データの取扱いを委託する場合、委託先に対する必要かつ適切な監督を行うこと

（以　上）

出典：個人情報保護委員会（2019年 12月 14日付け）
https://www.ppc.go.jp/news/press/2019/20191204/

Part. 4

● 2022年施行の改正個人情報保護法の論点

このような社会背景を受け、3年ごとの見直しにあたる2020年6月に改正個人情報保護法が成立し、2022年4月に施行されました。この改正では、まず個人の権利のあり方について、企業の対応すべき事項が追加されることになりました。改正前までは、個人情報の利用停止・消去などの個人からの請求への対応は、不正取得などの違反に対してのみであったのに対し、改正後では個人の権利又は正当な利益が害される恐れがある場合にも対応が必要となりました。また、保有している個人情報の開示方法についても、提供者にわかりやすい方法で開示することが求められます **03**。

改正前の個人情報保護法の時代は、請求権を行使できる範囲が限定されていたためか、一般的に紙の申請書の郵送で、情報の開示や修正・削除対応が行われていました。しかし、今回の改正法では、権利の範囲が拡大し、しかも「速やかに情報提供」することが求められています。そこで、請求権への対応をオンラインで行う企業も増えてきています。先行事例は、携帯キャリアであるNTTドコモ、KDDI、ソフトバンクの3社です。携帯電話契約者のポータルサイトを介してこれらの請求対応を完結する機能を提供しています。例えばKDDIでは、同社が提供するプライバシーポータルに顧客ID（au ID）でログインし、同意した規約類の確認と、プライバシー設定の変更を可能にしています。また、プライバシー設定の変更画面では、位置情報のマーケティング利用、au IDに紐付く情報のKDDIグループでの利用、データ連携に関する確認事項などの同意の確認や取り消しも行うことが可能となっています **04**。

---

03 オンラインによる個人情報の開示・請求対応

開示請求
受付フォーム生成

開示／利用停止／
削除などの請求

開示請求権対応ソリューション

本人認証　データ処理

パーソナルデータ

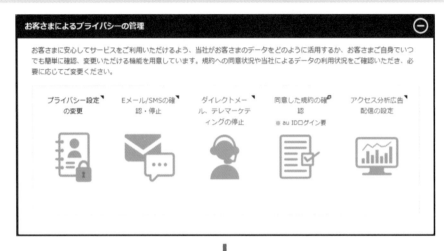

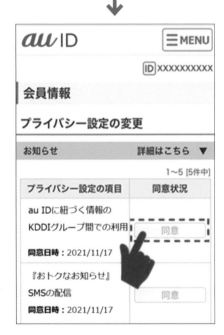

出典：au　プライバシーポータル
https://www.kddi.com/corporate/kddi/public/privacy-portal/?bid=we-we-ft-0018&_ga=2.141442736.387862282.1674374776-901063271.1674374776

● サードパーティ Cookie 規制への対応

　そして、2022年施行の改正個人情報では、第三者に提供する情報についても規制の範囲を拡大しています。これまでの個人情報の定義に追加して、「個人関連情報」を、特定の条件において個人情報と扱うとしています。個人関連情報の対象となるのは、CookieなどのWebサイト閲覧履歴の他、商品購買履歴、サービス利用履歴、位置情報などです 05 。個人関連情報は、それ単体では個人情報とは見なされません。しかし、第三者に提供し、提供先で他の情報と紐付けて個人を特定できる可能性がある場合、個人情報と同様の扱いとなり、利用目的の明示や、提供者からの同意取得の義務が発生します。

　もう一度、リクナビ事件を思い出してみましょう。就活生が利用するリクナビには、管理IDと閲覧履歴しか存在せず、個人を特定できる情報はありません。しかし、この管理IDを契約企業に提供し、管理IDと就活生の姓名を契約企業側で紐付けたことにより、個人を特定可能な状態となり、個人情報に該当することになったのです 06 。そして、個人情報保護法が目的とする、「個人の権利の保護」という観点において、就活生に対し不利益が発生したことから、指導・勧告の対象となったのです。

　個人情報保護法と言うと、いわゆる「情報漏洩」の事件ばかりに注目が集まり、企業の安全管理措置つまりセキュリティの問題として捉えられる方が多いかと思います。しかし、リクナビ事件では、本人の同意なしに勝手に予測を行うという、就活生の権利利益を侵害する行為について指導がなされた点が重要であると言えます。セキュリティももちろん大事で

すが、個人情報保護法の本来の法目的はこうした個人の権利利益の保護にあるのです。

　第三者への個人関連情報の提供は、Part.1で触れた追跡型広告の手法で、多く用いられています。企業のWebサイトでは、主に表示速度の向上を目的にCookieの収集が行われています。そして、このCookieは第三者である広告事業者に提供され、追跡型広告に利用されます。本来、Webサイトの表示速度向上を目的に収集されているわけですから、追跡型広告に利用するとなれば、「目的外の利用」に当たるわけです。したがって、利用目的の明示や同意取得の対象となります。しかし、この義務を負うのは、多くのケースでは個人関連情報の提供を受ける広告事業者側となります。広告事業者が、提供元企業のその先でWebサイトにアクセスする利用者に、目的の明示や同意取得を行うことは現実的ではないため、現在、これら広告事業者たちは、追跡型広告手法自体の見直しを余儀なくされているのです。

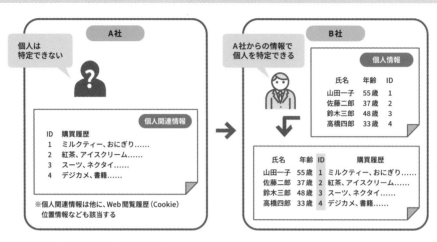

出典：個人情報保護委員会　広報資料を基に筆者が作成
https://www.ppc.go.jp/files/pdf/r2kaiseihou.pdf

06 リクナビ事件における第三者への個人情報提供フロー

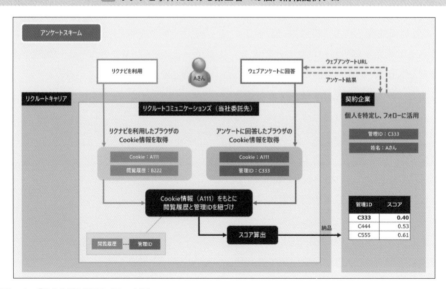

出典：リクルート　『リクナビDMPフォロー』とは
https://www.recruit.co.jp/r-dmpf/03/

この動きは、世界的に加速しています。特に、運用基準を定めているGDPR（EU一般データ保護規則）に準拠するため、AppleやGoogleは自社が提供するブラウザでのCookieに該当する識別子の収集を行わない仕様変更を進めています。この影響を受け

て、企業が顧客へ情報提供を行う際に、顧客ごとの行動や興味関心の特定を行う手法で、「脱サードパーティ Cookie」の動きが加速しているのです **07** 。

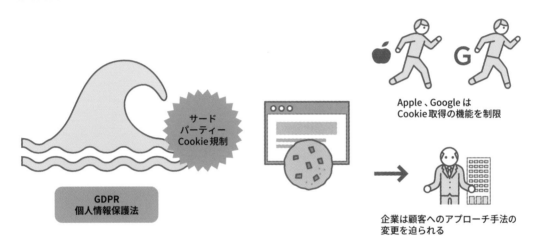

サードパーティー
Cookie 規制

GDPR
個人情報保護法

Apple 、Google は
Cookie 取得の機能を制限

企業は顧客へのアプローチ手法の
変更を迫られる

Section 2　新しい個人情報保護法を正しく理解する

3 パーソナルデータを 正しく活用するには

個人情報保護法のルールの下、収集された「データ」は、個々の顧客の行動や意識を知る上でマーケティングにおいて貴重な武器となります。テクノロジーの発展に伴い、より広範囲のデータが、法律の対象となりつつあります。取り扱いを間違えると企業の信用を毀損する「パーソナルデータ」についての注意点を解説します。

● ファーストパーティデータ活用の動き

個人情報保護法に出てくるデータの種類には、個人を特定可能な「個人情報（個人データ）」と、第三者の持つ情報と組み合わせることにより個人が特定できる「個人関連情報」があると説明しました。本書では、この2つに加え「匿名加工情報」（第三者が利用することを想定し、個人の特定をできなくした情報。

元の情報に戻すことも不可能にする）と「仮名加工情報」（社内で利用することを想定し、匿名加工情報の加工要件を緩和した情報。「かめい」と読みます）を加えた4つの情報を総称して「パーソナルデータ」と呼ぶことにします 01 。

---

01 パーソナルデータ

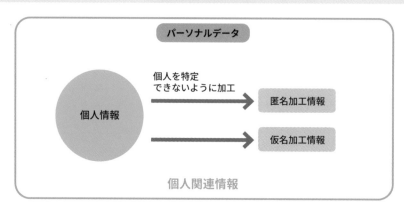

個人情報保護法の規制や、ITプラットフォーマーのサードパーティCookie取得の制限を受け、広告事業者の追跡型広告はデータ提供者への目的の提示と同意の取得なしでは配信できません。そこで、代替方法として注目されるのが、顧客とコミュニケーションを行う企業などが主導し、Webサイト訪問者から同意を得た上で収集する「ファーストパーティデータ」です。ファーストパーティデータには、サードパーティCookie同様に、Webサイトのアクセスログ（Cookie）が格納されます。また、企業が独自に持つ購買データなども蓄積されます。そして、そのデータベース内で、独自に持つ顧客の個人情報と紐付ければ、企業内外の活用を問わずパーソナルデータを蓄積することになります。

繰り返しになりますが、企業がファーストパーティデータを収集・蓄積する場合には、データ提供者に対して利用目的を明確に示すことが必要です。効果的かつ安全に、このパーソナルデータを扱うには、どのようなことに注意すべきか、十分に知っておかなければいけません。

● 正しく活用するにはどうすれば良いか

パーソナルデータの利用目的を提示するのに用いられる規約文書が「プライバシーポリシー」です **02**。個人情報保護法では、利用目的や取得する情報の内容、方法などについて、「本人の容易に知り得る状態」にしておかなければならないとしています。

そのため、プライバシーポリシーは、Webサイト上のTOPページなどに配置されます。プライバシーポリシーの基本的な記載内容は、目的、内容、収集する場面／方法などに加え、第三者提供や外部委託の有無などがあります。

02 プライバシーポリシー

記載すべき事項

- 利用目的
- 取得の内容、取得方法や場面
- 第三者提供や共同利用の有無
- 委託先への開示の有無
- 越境移転の有無
- 開示請求への対応　　など

また、法的には開示不要な事項においても、自社基準でパーソナルデータの取り扱いを開示する企業も見られます。JR東日本がSuicaの利用履歴を商用サービスとして提供開始しました。この「駅カルテ」と呼ばれるサービスでは、データ提供者のパーソナルデータは暗号化され、個人を特定することが不可能になっています。しかし、JR東日本はパーソナルデータの取り扱いや、暗号化の方法などについてWebサイト上に詳しく開示しています。

プライバシーポリシーに代表される、企業の情報開示は、法の遵守を宣言する目的を超えて、企業のパーソナルデータの取り扱い姿勢をデータ提供者に対し宣言する場となっています。安全に取り扱うことを自ら開示することにより、社会や顧客に対して広く信頼を勝ち取る取り組みであると言えます。

● わかりやすいプライバシーポリシーを作成するには

では、このプライバシーポリシーを正しく、わかりやすく作成するには、どのようにすれば良いでしょうか。記載すべき事項については、個人情報保護法のガイドラインの要求に沿って記載します。多くのひな型が書籍や関連Webサイトから提供されていますので参考にすると良いでしょう。また、公開文書である性質上、自社とビジネススタイルの類似する他社のプライバシーポリシーを参考にすることも可能です。またプライバシーポリシーは、ときとして

Webサイト利用者やパーソナルデータ提供者とのトラブル発生時の拠り所となる文書です。自社の行うべき対応範囲とともに免責事項なども明記するため、重厚長大な文章になりがちです。構造的に整理されていない「わかりにくい」プライバシーポリシーは、閲覧した顧客から不評を買う可能性もあります。

わかりやすい文面を提供している先行例として、NTTドコモのプライバシーポリシーが参考になります。2021年度に経済産業省・総務省・JIPDEC（一

03 わかりやすいプライバシーポリシー提示の例（NTTドコモ）

出典：NTTドコモ　パーソナルデータについて
https://www.docomo.ne.jp/utility/personal_data/?icid=CRP_common_footer_to_CRP_UTI_personal_data

般財団法人 日本情報経済社会推進協会）共催のプライバシーガバナンスセミナーの資料が公開されていますので、是非参考にしてみてください **03** 。

このセミナーでNTTドコモマーケティングプラットフォーム推進部長の鈴木敬氏は、わかりやすいプライバシーポリシーのポイントとして「顧客の関心に着目した、利用目的の明確化」と「UI／UXを駆使した双方向コミュニケーション」を挙げています。要点をまとめると、3つのポイントに要約されます。

1つ目は、記載すべき情報を整理し、読み手の興味に合わせて見出しを設計すること。また、簡潔な文書とイラスト、動画などを使用することも推奨しています。2つ目は気付きを与えるタイミングです。その規約の内容が実質必要となるタイミングで、確認を行うのが有効としています。また、3つ目は、顧客の疑問点に対する双方向での応対です。昨今では、AIを用いたチャット形式での応対も可能です。チャットボットであれば、顧客のわからないことや不安に

対し、混雑や夜間休日など時間の制約のない窓口を提供することもできます。

さらに、プライバシーポリシーの要件に付け加えたい点があります。それは、プライバシーポリシーの表記に併せ、データの管理面に注意を払う点です。同意などの管理データ一元化し、顧客のアクションと連動して同意取得したデータを更新しなければなりません。顧客がわざわざプライバシーポリシーにアクセスする動機は、重要なタイミングであることが予想されます。顧客が確認したい要件に、リアルタイムで応対する必要があります。特に、自身のパーソナルデータが現在どのような状態にあるかということは、顧客の関心事と思います。管理するデータはそのときの最新情報を反映した上で一元管理され、顧客が閲覧する画面からの要求に応じて迅速に取り出し可能なシステム構築を行うことが望ましいと思います **04** 。

04 わかりやすいプライバシーポリシー提示の要点

1. 記載すべき情報を整理する
- 読み手の興味に合わせた見出しの設計
- イラスト、動画などの採用
- 簡潔な文章

2. 適切なタイミングで気付きを与える
- データ収集の該当アクション時の確認
- 規約変更時の確認

3. 疑問点に対し双方向で応対する
- Web、AIチャットボットなどによる双方向の応対

さらに

プライバシーポリシーの表記に併せ、データの管理面にも注意を払う
- 管理に抜け漏れがないように、データを一元化
- 顧客のアクションと連動してデータの同期をとる

● 同意を取得し正しく管理する

また、パーソナルデータを正しく活用するために注意する点のひとつとして、データ提供者からの同意取得が挙げられます。パーソナルデータを取得時の目的と異なる用途で利用する場合や、第三者への提供を行う場合は、当該データの提供者からの同意が必要となります。個人情報保護法では、同意の取得方法は、「Webサイト上での必要な情報の提示」と「明確な同意アクションの取得」の2つを要件としています。この「明確な同意アクション」をWeb上で行

うパターンを見てみましょう。みなさんも、よくWebサイトで見る方法ですが、次の2パターンをとられることが多いと思います。1つ目は、同意の対象となる提示事項を画面に強制表示し、文章をスクロールして表示し、最下部のチェックボックスなどで同意意思をクリックの上確定する方法（全文スクロール型）。もう1つが、Webバナーを強制的に表示し、バナー上のボタンプッシュにより、同意の意思を取得する方法です（バナー型）05 。

05 よく見られる同意取得のパターン

全文スクロール型

利用規約承諾確認画面

1. この利用承諾はお客様がお使いの端末において、以下の条項への同意を…
2.
   ・
   ・
   ・
   ・

上記の内容を確認し、
利用規約に承諾します。 ☑

バナー型

当社では、Webサイトでの体験を向上させ、コンテンツや広告をパーソナライズする、およびトラフィックを分析するためにCookieを使用しています。当社ウェブサイトのCookie設定をカスタマイズするには、[Cookie設定]をクリックしてください。

当社プライバシーポリシーの詳細はこちら

全て許可

全て拒否

Cookie設定

2022年施行の改正法を契機に、後者を採用する企業が増加しています。理由として、前者は提示事項全文をスクロールするという労力の高い方法であり、サービスからの離脱を招きやすい点にあると考えられます。規約の事前提示と全文確認が義務付けられている（不動産業や保険業などの）業種を除いては、後者のバナー型が主流になると思われます。

バナー型の同意管理を行う場合、CMP（Consent Management Platform／同意管理プラットフォーム）と呼ばれるツールを活用するのも有効な手段です 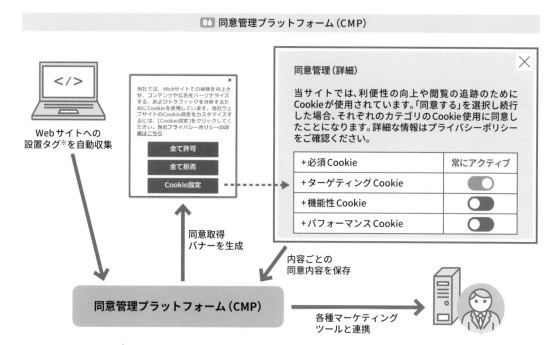。Webサイトを運営する企業の要件に従い、同意取得のバナーを生成し、バナーに表示されている許可／拒否のボタンアクションによって、同意／非同意の意思をデータベースに記録することが可能です。制御するCookieは、追跡型広告などを配信するためのターゲティングCookieの他、トラフィックの監視や表示コンテンツのパーソナライズを目的とするものなど、さまざまなものを制御することができます。同意管理は、同意や拒否の意思を表示したタイミングと、収集（または削除）するデータが、正確に同期していなければいけません。Webサイトは頻繁に改廃が発生するため、新規に追加したページの同意を収集するタイミングと、そのページの公開タイミングが正確に同期していなければなりません。同意を収集しているのに、ページが存在しないといった事態が発生しないように気を付けましょう。

06 同意管理プラットフォーム（CMP）

同意管理（詳細）

当サイトでは、利便性の向上や閲覧の追跡のためにCookieが使用されています。「同意する」を選択し続行した場合、それぞれのカテゴリのCookie使用に同意したことになります。詳細な情報はプライバシーポリシーをご確認ください。

+必須Cookie	常にアクティブ
+ターゲティングCookie	
+機能性Cookie	
+パフォーマンスCookie	

当社では、Webサイトでの体験を向上させ、コンテンツや広告をパーソナライズする、およびトラフィックを分析するためにCookieを使用しています。当社ウェブサイトのCookie設定をカスタマイズするには、[Cookie設定]をクリックしてください。当社プライバシーポリシーの詳細はこちら

全て許可

全て拒否

Cookie設定

Webサイトへの設置タグ※を自動収集

同意取得バナーを生成

内容ごとの同意内容を保存

同意管理プラットフォーム（CMP）

各種マーケティングツールと連携

※Webサイト設置タグ：Webサイトを構成するプログラム言語の中で、プログラムの動作を指示するための識別子

企業倫理・社会規範に則り
デジタルマーケティングを使う

社会や業界全体のサービスレベルが高まれば、相対的に低水準のサービスや、特に倫理・社会規範に反したサービスは、魅力のないものであるばかりでなく、あってはならない存在となってしまうのです。企業には、法令遵守のみならず、倫理・社会規範に則った行動水準が求められるのです。

● 法律を守るだけでは不十分

デジタルマーケティングを進める上では、たとえ法律を守っていたとしても、企業の倫理観や社会規範に外れた行動をとれば、批判や炎上を招きます。過去の炎上事例を振り返ると、もちろん中には法律に違反した企業の行動が、ネット上で叩かれるというものも多いでしょう。しかし、通常のマーケティングや広報活動の中で、法律を遵守した運営を行っていても、炎上が起こってしまう場合もあります 01 。デジタルマーケティングでは、多頻度で情報発信を行うことが多く、コンテンツの制作などにかけられる時間が限られることが多いため、表現一つひとつのチェックも甘くなりがちです。

01 法律を守るだけでは不十分な場合がある

法律には
違反していないな

社会規範に
則ってない！

倫理に反している！

LAW

STOP

マスチャネルを活用していた時代のマーケティングでは、チャネルを運営する媒体社ごとにチェック機能を設け（「メディア考査」と呼ばれています）、広告主や広告会社が制作するコンテンツに対し、基準に反する内容に対し歯止めをかけることが可能でした。WebやSNSは、企業が独自でも簡単に情報発信が可能なことから、炎上事例は後を絶ちません。企業には、自主的に自社の倫理観や行動に対し基準を設け、企業内でチェック体制を整備し、正しいマーケティング活動を行うことが求められます。

● 情報発信表現に注意する

企業の情報発信がきっかけで、特に炎上発生しやすいのが、広告やSNSへの発信で、発信するメッセージや画像、映像などの表現に不適切なものが含まれる場合です。ジェンダー、政治、宗教、民族、障がい、犯罪に関わる内容の表現は特にリスクが高く、注意が必要です。一般的には、問題ないと思われるような表現も、ある特定の条件を抱えた人にとってはセンシティブに受け止められることもあります。例えば、家事の負担を軽減したい意図が、女性（または男性）片方への極端な負担を強いることを連想させたり、仕事に頑張るサラリーマンを応援する意図が職場でのハラスメントを連想させたりする表現が過去に炎上を起こしています。このような、特定の課題を抱えた状況においては、企業の本来の表現意図とは違う形で受け止められることがあります。

SNS公式アカウントやブログ発信などは、投稿するタイミングにも気を配る必要があります。災害や事件発生（直近や、過去の起こった日）など、世の人の心情がマイナス思考の際に、逆なでするような投稿を行うことも、炎上のリスクを孕んでいます。そしてネガティブな反応を持って受け止めた側は、SNSで自由に意見を発信できる上に、当事者を援護・応援する第三者が批判に同調し、炎上に拍車をかけることもあります 02 。

---

02 炎上リスク回避のポイント

センシティブなテーマを避ける
（ジェンダー、政治、宗教、民族、障がい、犯罪など）

個人の価値観に差がある要素を入念にチェック
（家事・育児・所得・働き方・美意識など）

不適切な発信タイミングを避ける
（社会のネガティブ風潮・過去の事件災害発生日）

このような炎上のリスクは、情報発信前に未然に防ぐことが重要となります（詳しくは、次のSectionで解説します）。しかし、どんなに注意を払っていても、すべてのリスクを消し去ることはできません。よって、デジタルマーケティングの施策により情報発信を行った後は、ネット上の反応を定期的に確認し、炎上の予兆を早期に発見することが重要です**03**。

SNSやブログなどの書き込みを監視する際には、ソーシャルリスニングツールを活用するのが便利です。ソーシャルリスニングツールは、あらかじめ指定したキーワードについて、指定した間隔（週次・日次など）でTwitter、ブログ、ニュースサイトなどから、指定キーワードに関する発信が行われていないかを確認するツールです。投稿内容から、性別・年代の識別や、書き込みテキストを解析しネガティブ・ポジティブの判定を行うことが可能なツールもあります。**03**では国内で提供されている主要なソーシャルリスニングツールをまとめています。

ソーシャルリスニングツールなどで炎上の予兆を発見した後は、火消しのアクションが必要です。問題となる発信内容について、訂正を行う必要があり、その際にも、企業には迅速で真摯な対応が求められます。問題の事象を隠蔽するような行動をとっては逆効果になる場合があります。近年では、問題となる発信内容を、こっそりと書き換える「サイレント削除」も批判の対象となり、注意が必要です。

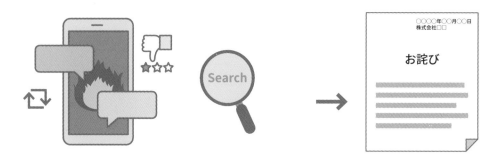

03 炎上の兆しを迅速に発見し早期にアクションをとる

Search

○○○○年○○月○○日
株式会社□□

お詫び

主要ソーシャルリスニングツール
- BuzzSpreader Powered by クチコミ＠係長（ホットリンク）
- ブームリサーチ（トライバルメディアハウス）
- Insight Intelligence Q（データセクション）
- 見える化エンジン（プラスアルファコンサルティング）
- なずきのおと（NTTデータ）

●「広告」であることを必ず明記する

　デジタルマーケティング推進において、企業の倫理観や社会的規範を問われる行為は他にもあります。「ステルスマーケティング（通称：ステマ）」がこれに当たります。ステルスマーケティングは、それが宣伝であると消費者に悟られないように、商品・サービスの利点を企業に代わり発信を行うことです **04**。Part.3の口コミの効果でも触れましたが、企業が発信する情報と比較して、利害関係のない一般の顧客が発信する情報のほうが信憑性の増す効果を利用した広告手法です。さらに信憑性を増すのが、学識者や著名人など、そのテーマにおける専門家（いわゆる、インフルエンサー）からの発信です。

　ステルスマーケティングに関連する法規は現状では景品表示法ですが、景品表示法は、その発信内容に「優良誤認」「有利誤認」がなければ規制の対象にはなりません。ですが、顧客にとっては自身が信頼するインフルエンサーが「企業の回し者」であったとわかれば、信頼を裏切られた気分になり、インフルエンサーや主導した企業に対して、ネガティブな心情が生まれるでしょう。ゆえに企業は、法律に抵触していないとはいえ、ステルスマーケティングにならないような、明確な基準を持って取り組むべきなのです。

04 ステルスマーケティングとは

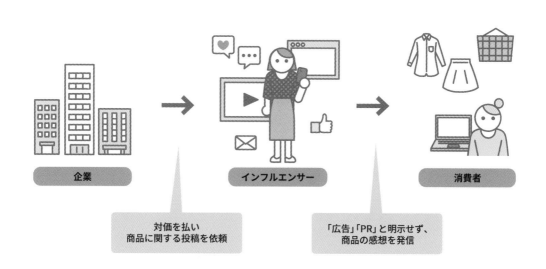

企業　→　対価を払い商品に関する投稿を依頼　→　インフルエンサー　→　「広告」「PR」と明示せず、商品の感想を発信　→　消費者

● 消費者庁がすすめる「ステマ規制」

このような状況の中、監督官庁である消費者庁も黙って見ているわけではありません。一般消費者の自主的かつ合理的な選択を阻害する恐れがある「ステルスマーケティングに関する検討会」を、2022年9月より大学教授、弁護士、消費者保護団体、デジタルマーケティング業界団体などを招き開催しています。同検討会の中で、ステルスマーケティングの実態について調査結果を公開しています。

2022年12月に公開された調査結果報告書による

と、現役のインフルエンサー（回答者300人）のうち、41%のインフルエンサーが、「ステルスマーケティングを依頼された経験がある」と回答しています。また、経験があるとした回答者のうち、45%はその依頼を「全部受けた」「一部受けた」としています。ステルスマーケティングを受けた理由としては、「理解が低かった」との回答が64%と最も多く、次いで「広告主から報酬がより多くもらえるから」との回答も30%に上っています **05**。

05 ステルスマーケティングの実態

ステルスマーケティングを依頼された経験があるか？（N=300）

| ある 41% | ない 54% | |

覚えていない 5%

ステルスマーケティングの依頼をどうしたか？（N= 123）

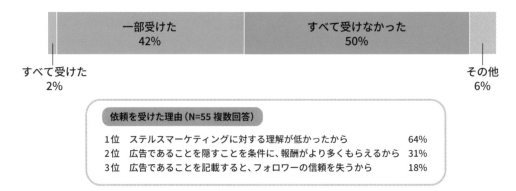

| 一部受けた 42% | すべて受けなかった 50% | |

すべて受けた 2%

その他 6%

依頼を受けた理由（N=55 複数回答）

1位	ステルスマーケティングに対する理解が低かったから	64%
2位	広告であることを隠すことを条件に、報酬がより多くもらえるから	31%
3位	広告であることを記載すると、フォロワーの信頼を失うから	18%

出典：消費者庁 『ステルスマーケティングに関する検討会 報告書』
https://www.caa.go.jp/policies/policy/representation/meeting_materials/review_meeting_005/assets/representation_cms216_221228_03.pdf

インフルエンサー活動は、自身が推奨する企業の商品・サービスを実際に利用し、専門家の知見を交え、その商品が顧客や社会に有用であることを発信するものです。企業は、インフルエンサーの協力を得るために、商品・サービスのお試し利用（いわゆる、商品・サービスモニター）や、インフルエンサー活動に係る経費の実費精算などで支給する場合もあります。しかし、企業側とインフルエンサー側の理解の足りなさゆえに、度を越えた商品・サービス提供や、多額の活動支援費の支給が行われることがあります。顧客である消費者は、この企業とインフルエンサーとの間に利害関係があることを知る由もなく、発信

される情報のみを信用することとります。発信の主導権を持つ企業と、インフルエンサー、またそれを仲介するPR企業のそれぞれが、顧客の信頼を裏切ることなく、意識を高め、取り組むべき課題であると言えるでしょう。

消費者庁の『ステルスマーケティングに関する検討会　報告書』では、現状を深刻に受け止め、景品表示法への新たな指定の追加と、運用基準の作成の必要性を唱えています **06** 。「広告であるにもかかわらず、広告であることを隠すステルスマーケティング」は今後法規制の対象になる可能性が高く、注意が必要と言えるでしょう。

---

06 ステルスマーケティング規制の方向性

○検討会の結論
ステルスマーケティング、すなわち広告であるにもかかわらず広告であることを隠す行為に対する景品表示法による規制の必要性がある。

○具体的な規制のありかた
景品表示法第5条第3号の告示に新たに指定することが妥当である。

➡ <景品表示法第5条第3号の指定告示について>

（不当な表示の禁止）
第五条 事業者は、自己の供給する商品又は役務の取引について、次の各号のいずれかに該当する表示をしてはならない。
一（略）
二（略）
三 前二号に掲げるもののほか、商品又は役務の取引に関する事項について一般消費者に誤認されるおそれがある表示であつて、不当に顧客を誘引し、一般消費者による自主的かつ合理的な選択を阻害するおそれがあると認めて内閣総理大臣が指定するもの

出典：消費者庁　『ステルスマーケティングに関する検討会　報告書』
https://www.caa.go.jp/policies/policy/representation/meeting_materials/review_meeting_005/assets/representation_cms216_221228_03.pdf

155

5

企業が気を付けるべき炎上のパターン
チェック体制を整備する

厳しさを増すコンプライアンス対応において、専門知識を持った人材は、多くの企業で必要不可欠な存在になりつつあります。コンプライアンス対応の全体最適を図るべく、プロセス・組織・スキルの側面から整備を進めることが重要です。

● 自社のリスクを見極める

デジタルマーケティングの推進で、法令違反や倫理・社会規範に外れた行動を起こさないためには、コンテンツの表現などについてチェックする体制を整備する必要があります。正しい知識を身に着けた専門家を社内・社外に持ち、適切な確認プロセスを経て情報発信することが重要です。しかし、SNS発信をはじめデジタルマーケティングによる顧客のコミュニケーションは、簡単かつスピーディーに発信できることもメリットのひとつです。そこで、正確なチェックを、的確なメンバーで、迅速に行うプロセスづくりが求められます。

チェックを効果的に行うためには、まず自社のデジタルマーケティングを進める上で、どのようなリスクが内在しているかを見極める必要があります。ここまでのSectionで解説した法規制や表現などの留意点を振り返り、自社に該当する内容をチェックしてみてください。本書は、デジタルマーケティングの解説書ですので、これまでWebやSNS上で企業が情報発信を行う際のリスクを中心に解説してきましたが、コンプライアンスの体制を整備する上では、オンラインだけでなくオフラインの取り組みも合わせて、プロセスづくりを行わなければいけません。

Web担当者フォーラムでは、特集『攻めるために守る！知っておきたい「守りのSNSマーケティング」＝「SNSリスクマネジメント」』にて、防げる炎上と防げない炎上を分類しています。オフラインの、「企業の不祥事」や企業外の「巻き込まれ炎上」については防げない炎上に分類されますが、その他の企業や企業の従業員の発信に起因する炎上は、マニュアルやチェック体制の整備などで予防することが可能としています **01** 。

	SNS内（オンライン）	SNS外（オフライン）	巻き込まれ炎上
企業	●公式アカウントの不謹慎な投稿 ●公式アカウントの誤投稿（誤爆）	●不祥事、商品／サービスの欠陥など ●センシティブ（デリケート）なテーマを扱った広告／宣伝	●デマ／フェイクニュース ●第三者による誤解／憶測／悪意
従業員	●公序良俗に反する投稿 ●機密情報や他人の個人情報の投稿 ●フェイクニュースの拡散	●公序良俗に反する言動	

出典：Web担当者フォーラム「防げる炎上」はある！炎上を未然に防ぎたいときの行動指針＆チェックリスト
https://webtan.impress.co.jp/e/2020/12/18/38393

● 多様な視点でチェックする

　ネット炎上の防止プロセスの中で重要になるのが、制作されたコンテンツ類のチェック（コンプライアンスチェック）です。テキスト、画像、動画、音声など、さまざまな制作物について、社内・社外を問わず複数人で確認を行います。TVCMなど出稿に多額のコストが発生するコンテンツのチェックには、チェックプロセスに一定のスケジュールを設けた上で、有償の調査パネルなどを用いて確認が行われます。しかし前述の通り、デジタルマーケティングでは、簡単かつスピーディーなコンテンツ制作が求められ、チェックプロセスも社内で行われがちです。社内のみでチェック体制を敷くことは悪いことではないのですが、主管となる担当者ひとりに閉じず、複数の目でチェックすることが必須です 02 。

　そして、このチェックを行う複数のチェック者の選定方法ですが、極力多様な属性（性別、年代）や価値観を持った人材を集めるべきです。例えば、若年層向けのWebページを、その年代の若手社員を集め

てチェックするのは、通常行われる確認プロセスだと思います。しかし、若年層向けといっても、他年代で極端なネガティブ反応が起こることがあります。また、特定の課題を抱えた人への配慮もあり、多様な属性や価値観を持った人に多くチェックしてもらうことに意義があるのです。「この人、ターゲットじゃないよ」と思うかもしれませんが、この努力が、炎上を未然に防ぐこともあるので、労を惜しまずに取り組みましょう。部署のメンバーが集まるミーティングなどで、「ちょっと、これ見て意見もらえない？」と気軽な雰囲気で確認を依頼するのが良いでしょう。確認を頼まれた社員は、重大任務であることにハードルを感じ、ポジティブな反応しか返さないこともあります。多様な価値観からの意見が、炎上を未然に防ぐことにつながることを申し添え、率直な感想を引き出すことが重要です。

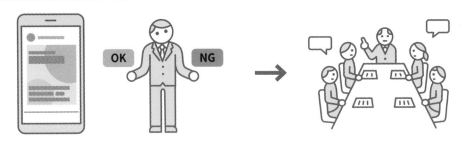

● 専門家を確保する

　コンプライアンスチェックにおける、主管となる担当者のチェックスキルはもちろん高いほうが良いです。しかし、デジタルマーケティング担当がいくらセミナーやeラーニング、書籍などで、基礎知識を学んだとしても、さまざまな事象が発生するコンプライアンス対応では、経験の差が顕著にあらわれます。また、法令順守の面では、法律の専門知識も必要

となります。そこで、頼りになるのが社内外の専門家の存在です **03** 。社内に、法務部門やリスク対応部門、品質保証部門などの専門部署が存在する場合は、確認プロセスの中に、その部門のチェックを組み入れることも検討すべきです。また、顧客と日々応対しているお客様相談部門（コールセンターなど）も、判断に迷う場合に過去の応対事例を持っていること

03 社内外の専門家を確保する

が多く、心強い味方となります。

　法令遵守や炎上対策の面で、弁護士や専門のコンサルティング会社に依頼する場面にも遭遇するかもしれません。難易度の高いコンプライアンス案件を想定して、これら社外の専門家についても、情報収集しておくと良いでしょう。また、期待が高まるのが

AIによる法律関連の文章チェックです。リーガルテックと呼ばれており、国内でもさまざまな製品・サービスが登場しています **04**。まだまだ、人の作業の補助を行える水準の程度とも言われていますが、今後技術の進化により、こちらも強い味方になる可能性があります。

04 リーガルテック

領域	内容	対象		
		個人	企業	法律専門家
文書作成／レビュー	契約文書の雛形などを提供を行い、AIによる文書チェックを行う	○	○	
文書／案件管理	法律に関する相談内容や回答内容の記録や、ワークフローを提供。顧客との契約情報などの管理を行う		○	○
契約締結	契約の電子締結を支援する	○	○	○
申請／出願	商標や登記などの出願申請を、オンライン上で効率的に行うサービス		○	○
リサーチ／検索ポータル	判例や特許、法律専門書などをデータベース化し、横断的に検索・閲覧ができるサービス	○	○	○
デューデリ／フォレンジック	企業内部で不正がないかをチェックする際に、企業の持つデータ（ファイル・メール）を収集・確認するツール。M&Aの対象企業調査や訴訟問題での証拠検出などに使われる			○
紛争解決／訴訟	紛争解決のための交渉、調停、合意書作成をチャットなどで解決に導くツール	○	○	

出典：クラウドサイン　ebook『日本のリーガルテック 2021』を基に筆者が作成
https://www.cloudsign.jp/media/20201215-legaltechinjapan2021/

● 誰が主導権を持つのか？

コンプライアンスチェックにおいては、社内外の専門家や協力者など、複数の組織・人材の関与が考えられます。しかし実現すべき目的は、売り上げなど企業が目指すべき成果目標の実現です。したがって、目標の実現とリスクの低減という、相反する要件のバランスを考え、意思決定するのはマーケティング部門であるべきと考えます **05**。

昨今多発する炎上事例を鑑みると、どうしても保守的な考えになりがちになるでしょう。とりわけ、企業の砦となる、コンプライアンスチェックを担当する部署であればなおさらです。よって、マーケティング部門は売り上げ目標実現のために、理想的なマーケーティング施策に近づけつつも、コンプライアン

ス部門の要求に折り合いを付ける必要があります。ときには、コンプライアンスチェック部署が譲らない場面にも遭遇するでしょう。しかし、戦略自体をあきらめたり、これら部門の忠告に耳を貸さず独自の判断で進めてしまったりしてはいけません。本書でこれまで説明してきた、デジタルマーケティングに内在するリスクへの対応と、デジタルマーケティング施策の実現は、両輪で実現してこそ顧客や社会へ企業の価値を届けられるのです。その信念を持ってコンプライアンスチェックの部門に理解を求めることが、より良いデジタルマーケティング施策の実現につながるのだと考えます。

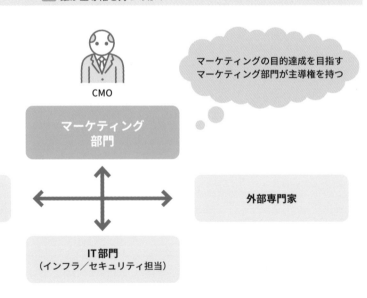

05 誰が主導権を持つのか？

CMO

マーケティングの目的達成を目指す
マーケティング部門が主導権を持つ

マーケティング部門

リスク対応部門
法務部門

外部専門家

IT部門
（インフラ／セキュリティ担当）

Part.
5

明日からはじめること

1 デジタルマーケティングの実行プロセスを組み立てる

「ローマは1日にして成らず」とことわざにあるように、デジタルマーケティングも立ち上げてすぐに結果を出すことはできません。小さな積み重ねをコツコツ行いつつも、その成果を確認し、軌道修正を繰り返してゴールを目指すことができるのもデジタルマーケティングの良いところなのです。

● ある日突然、デジタルマーケティングの担当になったら

　日本企業における、デジタルマーケティングの担当者のキャリアは、通常、営業やマーケティングの他業務など、デジタルマーケティングと隣り合わせの部署を経験し担当につくことが多いでしょう。しかし、中にはマーケティングとは畑違いの部署から、突如担当する機会が訪れることもあります。例えば、あなたの企業ではマーケティング活動を少しは推進しているものの、デジタルマーケティングとしては踏み出せていない状況にあると仮定して、そこに突然の人事異動であなたがデジタルマーケティングを担当することになったとしましょう。異動先の新部署で、あなたは上司から「最近、SNSを使って新製品の情報拡散に成功する例が多いよね。わが社もTwitterやInstagramの公式アカウントを使って、新規顧客の獲得にチャレンジしてみてよ」と言われてしまいました。さて、何から、どう始めれば良いでしょうか。

　最後となるこのPart.5では、「ある日突然、デジタルマーケティングの担当になったら」を想定し、デジタルマーケティングの初期の段階での「プロセス」と、体制・スキル・予算といったデジタルマーケティングの「サポーター」について学んでいきましょう。

　まず、手始めに、あなたの企業が実現したいゴールと、その障壁となるマーケティングの課題を把握してください。この段階では、デジタルマーケティングの戦略を立てる上での方向付けが行えれば良いので、顧客に対するアンケート調査までは必要なく、マーケティング部門の別担当や、営業担当へのヒアリングで問題ありません（もちろん、過去のアンケート結果などがあれば、利用しない手はありません）。マーケティングの目的の多くは、売り上げ拡大です。売り上げ拡大のための要素を分解すると、新規顧客を獲得するのか、既存顧客を維持するのか、また1回当たりの買い上げ商品数を増やすのか、商品ごとの買い上げ金額を増やすのか、さまざまなパラメーターの組み合わせが考えられます。あなたの企業で、目

標達成の足かせになっているパラメーターは何であるかを、仮説として洗い出してみましょう。

　小売業の店舗を例に、マーケティング仮説の洗い出しを考えてみましょう。目標である売り上げは、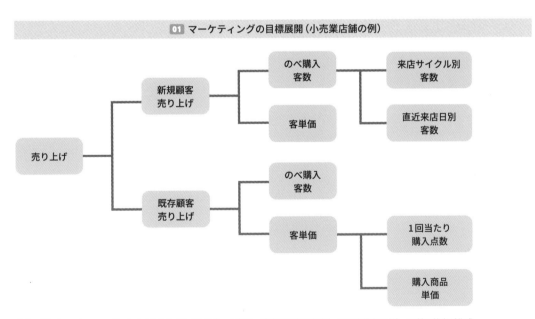 01 のように分解します。ポイントカードのようなシステムなどがあり、顧客管理ができているとして、顧客のグループを大きく「新規顧客」と「既存顧客」に分けます。売り上げ高の比率で、新規顧客と既存顧客のどちらに問題があるかをチェックしてみましょう。既存顧客については、顧客IDに紐づいたPOSデータをチェックします。既存顧客の売り上げに伸び悩みが見られれば、来店頻度が落ちている、1回当たり

の購買金額が減少している、などの要因が考えられます。課題のありそうな顧客グループを発見したら、次にそのグループの中で属性別（性別・年代・家族構成など）に購買行動の違いがないかなどの検証を行います。一方、新規顧客については顧客の属性情報はPOS（レシート）データくらいしかありません。新規顧客全体の客数の推移（総顧客数から、既存顧客をマイナスして算出しましょう）や、時間帯の分布などから、商圏の顧客の実態を把握し、さらに顧客アンケートなどを交え、店舗の認知度やイメージ、チラシの有効度などを検証すると良いでしょう。

01 マーケティングの目標展開（小売業店舗の例）

- 売り上げ
  - 新規顧客 売り上げ
    - のべ購入客数
      - 来店サイクル別客数
      - 直近来店日別客数
    - 客単価
  - 既存顧客 売り上げ
    - のべ購入客数
    - 客単価
      - 1回当たり購入点数
      - 購入商品単価

出典：『店頭マーケティングのためのPOS・ID-POSデータ分析』（流通経済研究所編　日本経済新聞社）を基に筆者が作成

● 顧客が誰であるかの仮説を持つ

　小売業の店舗の例でわかるように、顧客の属性が明らかな、既存顧客のほうがマーケティングの施策を立てやすいと言えます。もちろん、類似した属性を持つ新規顧客へも、既存顧客と同じ施策は有効なわけですから、既存顧客の購買行動分析は効果的です。実際にデジタルマーケティングの戦略を組み立てる際は、より詳細な顧客のプロフィールや、購買の動機になる背景なども押さえておくと良いでしょう。店舗が獲得を目指す（または、獲得しやすい）、性別・年代・家族構成・世帯収入なども把握すべきですし、来店頻度や、購買点数アップのためには、生活スタイル（日中は働いている、買い物は休日にまとめる、など）や、買い合わせる品物の傾向（お酒を飲むので、おつまみ系の食材が多い、など）の把握が有効です。

　食料品などを想定した店舗でのマーケティングを例にしましたが、ほかの商材や販売形態でも考え方は同じです。自動車や住宅など、高額の商材であれば、特に顧客の年代や家族構成、世帯年収の把握が必要です。レジャーや旅行が商材であれば、勤務や就学のパターンや季節サイクルなど（社会人か学生か、休暇はいつ取得するか）が重要です。

　このように、デジタルマーケティングを始めるにあたり、はじめの一歩となるのは顧客が誰であるかを知り、そしてその顧客がどんなニーズや課題を持ち、どんな動機と行動でそれを解決しようとしているかを知ることなのです。そして、デジタルマーケティングを設計するあなたの役割は、あなたの企業の商品・サービスが、どの顧客のニーズや課題を解決できるかを見極め、自社の商品・サービスにマッチした顧客を探し出して情報提供する方法をつくり上げることなのです 02 。

---

02 自社の商品・サービスに合った顧客を探し出す

顧客属性（性別・年代・家族構成・世帯収入など）、行動特性（生活・就業パターン、趣味、嗜好など）で自社の商品・サービスに合った顧客を見つける

● 顧客を把握するためのプロセス設計

顧客を定義し、把握する作業は一度行えば終わりというわけではありません。刻々と変わるビジネス環境と、顧客の意識の変化に応じ、調整を繰り返さなければいけません。顧客の状態を見えるように整えるプロセスを定型化して、いつでも検証できるようにしておくことが重要です。そして、その検証作業で必要になるのが「データ」なのです。

もう一度、小売業店舗の例を思い出してみましょう。性別・年代・家族構成・世帯収入などは、新規顧客であれば店舗の商圏に住んでいる世帯のデータから把握できるでしょう。既存顧客であれば、ポイント会員プログラムなどでデータベース化されています。顧客の趣味や関心事は、アンケートデータなど

を活用します。これに加え、POSから得られる過去の購買実績を紐付ければ、データの精度はより高まるでしょう。

デジタルマーケティングを始める際はどうしてもTwitterやInstagramといった具体的なチャネルやコンテンツを使った施策に目が行きがちです。後にはそのようなアクションも必要になりますが、最初は自社のマーケティング課題とターゲットとなる顧客に関するデータを整理するところから始めましょう。そして、そのデータの「収集」→「分析」→「評価」のプロセスを設計し、適切なサイクルでそのプロセスを回す仕事のルーティンを確立することが、成功への近道となります **03** 。

03 顧客行動把握のためのプロセス設計

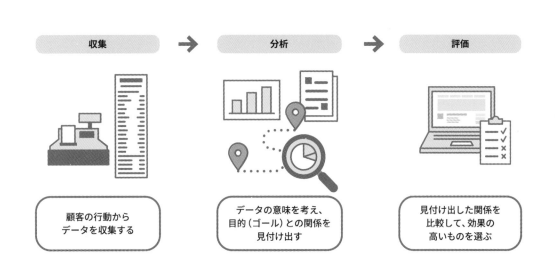

収集	分析	評価
顧客の行動からデータを収集する	データの意味を考え、目的（ゴール）との関係を見付け出す	見付け出した関係を比較して、効果の高いものを選ぶ

データ収集・分析・評価のサイクルを回す

検索の入口となるブラウザーは、快適な操作を行うためにさまざまな機能が盛り込まれています。そしてその機能の中には、ユーザーがブラウザー上でどのような操作を行ったかを把握する「アクセス解析」が提供されています。効果の高いデジタルマーケティングの施策を導き出すサイクルを確立しましょう。

● データ収集・分析・評価のサイクル組み立てのポイント

デジタルマーケティングは、ターゲットとなる顧客の興味・関心の仮説を形成し、顧客のインターネット上の行動をデータで把握することにより、仮説の精度を高めることができます。ところが、デジタルマーケティングを始めたばかりの状態では、データはまだ集まっていません。データは急に集まるものではなく、Webサイトを中心として地道に蓄積していくしかありません。

まずは、あなたの企業のWebサイトに目を向けてみましょう（どの企業でもお持ちかと思いますが、なければWebサイトの制作からスタートすることになります）。顧客を会員として管理しているWebサイトであれば、登録された会員データがデータベース化されていると思います。そうでなければ、Part.3で説明したように、顧客のインターネットブラウザーの識別子（Cookie）を基に、アクセス情報を識別します。アクセス情報の識別には、専用の「アクセス解析ツール」が提供されています。その中でも広く普及しているのは、Googleが無料で提供している「Googleアナリティクス」です。このツールを用いて、ページごとの訪問者の数（ページビュー（PV）やユニークユーザー（UU）、セッション数）や、どの経路から訪問したかの情報を得ることができます。まずは、デジタルマーケティングのプロセス設計として、Webサイト側のアクセス解析の体制を整えましょう。その上で、来訪者数を分析し、興味のありそうな内容に焦点を当てWebページ上のコンテンツを拡充しましょう。Webサイトの運営が軌道に乗ってきたら、いよいよSNSなどの他チャネルへの拡大です。わかってきた顧客の興味関心を基に、最適な情報の導線をつくり上げましょう **01**。

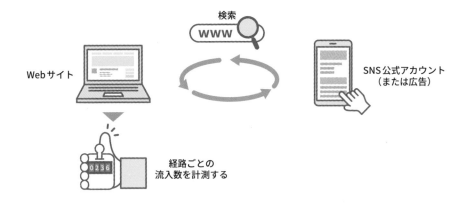

● 評価指標（KPI）を決める

　Webサイトへアクセス解析ツールを仕込み、SNS
の公式アカウントを立ち上げ、それぞれに連携する
コンテンツを配置すれば、それらをアクセスする顧
客の経路ごとの数が把握できます。また、Webサ
イト内のコンテンツを工夫すれば、ページ内の特定
のアクションに関する発生数もカウントすることが
可能です。データ収集ができたら、次は、これらの
集めたデータと、売り上げなどのマーケティングの
目的（ゴール）との関連付けを行います。どのデー
タの値の増加が、ゴールに近づく指標であるかを把
握するのです。それぞれの指標のことをKPI（Key
Performance Indicator）と呼びます。KPIを何に
するかは、ゴールとの関係で評価しやすいものを選
びます。例えば、ECサイトの運営であれば、カゴに
商品を入れるアクションや、お気に入りへの商品の
追加などが良いでしょう。

　デジタルマーケティングでは、Webサイト上の操
作を計測することが可能なので、意図的にKPIを管
理するための操作を配置することも行われます。縦
に長くスクロールするサイトは、どこまでの範囲が
閲覧されたかをKPIとして管理しているでしょうし、
１ページに収まりそうな内容でも「詳細はこちら」の
ように別ページに遷移させれば、その遷移回数をKPI
として管理できます。

　Webサイトのアクセスから、ゴールに近づく際に
通過する指標の収集点で、重要となるポイントを「コ
ンバージョンポイント」と呼びます。先ほどの、EC
の例で挙げたカゴに商品を入れるクリックのボタン
のほか、商品をお気に入りに追加するなどのアクショ
ンも考えられます。レポート形式のコンテンツをダ
ウンロードしたり、問い合わせフォームに入力した
りするような操作も、コンバージョンポイントと言
えるでしょう。このコンバージョンポイントの直前
に閲覧していたコンテンツが、顧客の興味を惹き、意

識を変えている可能性があります。また、そのコンテンツに至るまでの経路も、成功パターンとして認識しておくと良いでしょう。

このように、ゴールに結びつくコンバージョンポイントを定め、そのコンバージョンポイントに至るまでの各操作をKPIとして評価し、Webサイトのコンテンツや導線を見直していくのが、デジタルマーケティングのデータ収集・分析・評価のプロセスと

なります **02**。このプロセスを短いサイクルで回すことができるのがデジタルマーケティングの強みと言えます。そして、WebサイトとSNS公式アカウントから集めたデータに加えて、広告やキャンペーン、イベント開催、店舗来訪などの行動からもデータを収集し、さらに精度を高めていくのが成功シナリオとなるのです。

● アクセス解析ツールを使いこなす

ここで、デジタルマーケティング序盤で使われることの多い「アクセス解析ツール」について、もう少し触れておきたいと思います。先ほど紹介した通り、

アクセス解析ツールでもっとも利用されているのが、Googleアナリティクスです。現在、無料で提供されているこのツールは、2005年にGoogleが米国の

02 デジタルマーケティングの評価プロセス

顧客行動経路				コンバージョン率	評価
検索 (www)	Webサイト	ポイントup告知	EC	12%（EC購入120人／来訪1,000人	○
SNSの口コミ	動画サイト	メルマガ コンバージョン	EC	20%（EC購入20人／来訪100人	×

動画+メルマガのほうがポイント付与よりコンバージョン率が高そうだ

Web解析ソリューションを有償でサービス提供していたUrchin社を買収し、その技術を活用しサービス提供を開始しました。

　無料であるがゆえに、機能が劣るかというと必ずしもそうではなく、顧客がどこからWebサイトに来て、どのページを見て、どのページに遷移していったかを確認するような解析であれば、十分期待に応えてくれるでしょう。もちろん、細かいサイト内の操作や、外部のツールとの直接の連携（MAツールにダイレクトに連携して、メールを送るなど）といった機能が不十分な点はありますが、まずは顧客のWebサイト上の行動を知るという点に集中し、このGoogleアナリティクスを使いこなせるようになりましょう。

　そして、Googleアナリティクスは、2020年10月に最新版の「Google Analytics 4 プロパティ（以下、GA4）」がリリースされました 03 。GA4が提供され

た背景は、ユーザーのインターネットアクセスの経路が、ブラウザーだけでなく、スマートフォンアプリなどほかのデバイスに拡大していることに加え、EC購買や動画再生などWebサイト上の複雑な行動が発生しているからです。

　これまでのバージョン（UA：ユニバーサルアナリティクス）から強化されたポイントは、UAがページごとの訪問をデータとして記録していたのに対し、GA4ではページの中のさまざまな動作を「イベント」という統一した単位で計測することができるようになった点です。GA4が提供するイベントは、ページの読み込みやアプリの起動のような基本的な機能に加え、ページスクロールやECサイトのカゴ入れ、会員登録のように、顧客のエンゲージメント度合いが計測可能できる機能も追加されています。

03 GA4は「イベント」単位で計測する

UA

ページ単位で
カウント

GA4

イベント単位で
カウント

また、自動収集されるユーザーのパラメーターは、年齢・性別・興味関心・地域・デバイス（アプリ・Web）、OSなどを収集することができます。中でも、興味関心（アフェニティセグメント）は、ユーザーが熱中していることや、習慣、興味などを、Googleあらかじめが約150のカテゴリを用意しており、ユーザーのWeb行動を解析して自動で各ユーザーをセグメント分けします 04 。

読者の中でいまだに旧バージョンのUAを利用している方がいれば、注意が必要です。GoogleはUAのサポートを2023年7月に終了すると表明しています。すでにGA4を導入しアクセスデータの収集を行っている読者がほとんどだとは思いますが、UAからの移行がまだの方はお早めに準備することをおすすめします。また、Googleは提供するブラウザChrome上でのサードパーティCookieの収集を2024年後半に廃止すると表明しています。GA4で収集するCookieは、サードパーティCookieではないとしていますが（GoogleはこれをファーストパーティCookieとして取り扱っています）、世界的なデータ保護の風潮を受け、収集するデータの仕様を突然変更することも考えられますので、その動きについては、情報収集を怠らずに、常にアンテナを張っておきましょう。

04 Googleが自動分類するアフェニティセグメント（興味・関心カテゴリ）	
セグメント（大分類）	**セグメント（詳細）**
金融	投資、オンラインバンク
美容・健康	美容院、サロン
フード＆ダイニング	カフェ、料理、ファストフード、外食、オーガニック食品、ベジタリアン、ビーガン
ホーム＆ガーデン	DIY、家の装飾
ライフスタイル＆ホビー	美術館・博物館、ビジネスプロフェッショナル、ボランティア、ファッション、ライブ・イベント、ナイトライフ、アウトドア、ペット、写真
メディア＆エンターテインメント	読書、マンガ、アニメ、ゲーム、TV、映画、音楽、
ニュース＆政治	ビジネスニュース、政治ニュース、地方ニュース、グローバルニュース、エンターテインメントニュース
ショッピング	セール品、高級品、コンビニ、百貨店、スーパーマーケット
スポーツ＆フィットネス	筋トレ、ヨガ、野球、バスケットボール、ボート、クリケット、自転車、レスリング、ゴルフ、ホッケー、モータースポーツ、ラグビー、スキー、サッカー、水泳、テニス
テクノロジー	モバイル、ソーシャルメディア、オーディオ、クラウドサービス、ハイエンドコンピューター、スマートホーム
旅行	ビジネス旅行、ビーチ、ファミリー旅行、ラグジュアリー旅行
車両＆輸送	自動車、オートバイ、高級車、トラック、SUV、公共交通、タクシー

出典：Google広告ヘルプ　オーディエンスターゲティングについて

Part. 5

3 デジタルマーケティングの 体制を整える

ビジネスを成功させる上で重要なのは「ヒト・モノ・カネ」といったリソースの確保が重要であると言われます。デジタルマーケティングを進めていく上でもそれは同じです。このSectionでは、デジタルマーケティングにおける「ヒト・モノ・カネ」に焦点を当て考察していきます。

● デジタルマーケティングのスキルを高める

デジタルマーケティングを進める上で、目的や管理のコツ、必要となるデータを整える面について解説を進めてきました。しかし、マーケティングの考え方やITのテクノロジーが進化しているとはいえ、結局進めるのは人となります。このSectionでは、まずデジタルマーケティングをスタートするにあたり、必要となる人のリソースに焦点を当ててみましょう。

人の側面で、まず取り組まなければいけないのが、推進する担当、つまり、あなた自身のスキルアップです。同時にあなただけでなく組織全体のスキル向上にも取り組むことも必要です。短期集中でのスキルアップに適しているのが、セミナーです。宣伝会議をはじめ、日経クロストレンド、MarkeZineなど主要メディアが開催しているセミナーはジャンルも豊富ですし、オンラインのウェビナーも提供されています。広告主が主に集まって運営する、公益社団法人日本アドバタイザーズ協会（JAA）では実践広告塾

という、実務経験3年未満を対象としたセミナーを開催しています。のべ8日間の講座で、講師は名だたる企業のCMOなどが務め、マーケティングの現場で起こる実際の事象を交え学ぶことができます。このほか、デジタルマーケティングで必要となるツールの利用などは、ITのツールを提供するベンダーや、ITを専門する推進団体（JUAS：一般社団法人日本情報システム・ユーザー協会や一般社団法人データサイエンティスト協会など）も定期的にセミナーを開催しています。

セミナーや書籍などは専門知識を体系的に取得できる方法ですが、日々の生活の中での情報収集の感度を高めることも重要です。マーケティング系のWebメディアは会員登録をすれば無料で閲覧できる記事も多く、日々のトレンドを理解するのに適した情報源です。メールマガジンの配信サービスもあるので、ぜひ登録してみてください **01** 。

そして、日々の感度を高めるには、自身の日常の生

171

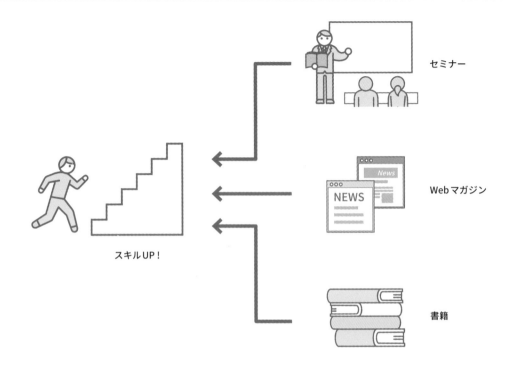

セミナー

Webマガジン

書籍

スキルUP！

Part. 5

活の中で触れる、商品やサービスのプロモーションにも注意を払うことが重要です。何気なく見過ごしているTVCMや電車で流れる動画広告、屋外看板など、自身の周りには企業からのメッセージが溢れています。自身のスキルを高めるには、これらをただ眺めるのではなく、メッセージの意図を掘り下げるトレーニングを行うと良いです。俗にデコン（デコンストラクションの略）と呼ばれています。これは他社の広告制作物を自身が広告を企画する立場になり

きって、クリエイターなどの制作陣にプレゼンをするシミュレーションです。このプレゼンでは「クリエイティブブリーフ」と呼ばれる様式を用います。デコンでは、このクリエイティブブリーフのうち、「広告の目的は何か？」「ターゲットは誰か？」「ターゲットが抱えるインサイトは何か？」「ターゲットに促す意識変容はどういったものか？」「商品・サービスが訴求するポイントは何か？」「その根拠は？」といった内容を書き起こします **02**。

デコン（デコンストラクション）

広告企画者になりきって
制作陣（クリエイター）に
プレゼンするシミュレーション

他社の広告

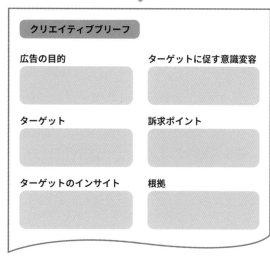

クリエイティブブリーフ

広告の目的	ターゲットに促す意識変容
ターゲット	訴求ポイント
ターゲットのインサイト	根拠

出典：『「人を動かす」7つのコミュニケーション戦略　手書きの戦略論』（磯部光毅著　宣伝会議）を基に筆者が作成

Section3　デジタルマーケティングの体制を整える

● 社内の協力者を確保する

　自身のスキルアップと併せて、社内の協力者の確保もデジタルマーケティング成功のための重要な要素となります。デジタルマーケティングは、デジタルで効率的に売り上げ拡大を目指していますので、総論として社内で異を唱える人はいないでしょう。しかし、実際に何らかの施策を進めるにあたっては、利害関係が噛み合わないケースも多く発生し、意見の調整が必要となることもあります。関連部門との調整において大切なのは、相手部門の役割を理解し

ながら、全社的な目標達成に向けてベクトル合わせをしていくことです。例えば、「○○さんのお立場では、そうおっしゃるのも無理はありません。では、代替案として□□のような方法で行うのはいかがでしょうか。お客様に対して商品・サービスの価値を伝えるために、一緒に取り組んでいきましょう。」といったスタンスで、お互いのモチベーションをマーケティング活動に向けるような交渉が理想です。

　そのような調整をするためには、会社の各部署がどのような役割でマーケティング活動と関わりを持っているかを知ることが重要です。マーケティング活動にもっとも関わりが深いのが、営業部門でしょう。営業部門とマーケティング部門の関係でよく起こるのが、顧客と最前線で応対する営業部門の経験則と、デジタルマーケティングでデータから導き出したターゲット顧客像のズレです。ズレが生じた場合、お互いに持つ販売データなどを共有し、ターゲット顧客を調整することが必要です。POSデータをはじめとする販売データは、営業担当が中心に持っていることが多く、デジタルマーケティング担当も分析などで営業担当に協力すると良いでしょう **03**。

　また、顧客の最前線に位置する部門としては、お客様相談部門があります。顧客からのクレームなどの窓口となり、企業として正式な回答を作成する業務を主な役割としていますが、こうした顧客からの問い合わせは多くの場合、データベース化されています。しかし、お客様相談部門だけでは、テキスト中心のデータを存分に活用することは難しいでしょう。デジタルマーケティング担当としては、テキスト解析（テキストマイニング）ツールなどを利用して、このデータの傾向分析などによって、協力することができます。お客様相談部門が持つデータ自体には価値があります。というのも、通常、マーケティング部門が行う顧客アンケートなどは、既存顧客が中心に行われることが多く、製品・サービスに価値を感じている回答はポジティブに偏りがちです。しかし、お客様相談部門に寄せられる声の大半は、クレームなど製品・サービスへのネガティブな意見です。マーケティング戦略の仮説形成には、このネガティブな意見からも、アイディアを抽出することが求められます。マーケティング部門の持つポジティブな意見と、お客様相談部門の持つネガティブの意見をミックスして、データベース化することで、お互いのデータの価値を高めることができ、お客様相談部門との関係強化にもつながるでしょう。

Part.4で触れた、法務部門やリスク対応部門のほかにも、社内には「バックオフィス」と呼ばれる部門があります。経理部門や情報システム部門がそれに当たります。情報システム部門については、デジタルとの関わりが深いため、次のSectionで改めて取り上げるとして、ここでは経理部門とデジタルマーケティングの関わりについて解説します。経理部門の役割は、会社の各部署で支払われるお金の流れを把握してそれを集計し、月次・四半期・年間などのサイクルで取りまとめ「決算」という形で経営者や社外のステークホルダーに報告することです。決算に導く際には、さまざまな会計のルールに従って手続きが行われます。デジタルマーケティングで関係の深い会計ルールは、Webサイトの制作費やデジタルマーケティングで活用する各種ツールの利用料に関する処理方法です。原則として、ソフトウェアの会計上の扱いは、1年以上継続して利用するものについては、繰延資産に計上し、使用期間（通常5年）に応じ

て均等償却を行います。しかし、一過性のキャンペーンで制作して、1年未満で役割を終えるソフトウェアや、プログラム動作しないイメージファイル・動画コンテンツなどは費用処理（広告宣伝費）となります。また、デジタルマーケティングのツールもSaaS型のサービスであれば、自社にプログラム資産を持つわけではないので、繰延資産ではなく費用処理となります。繰延資産計上を行うソフトウェアについても、近年はアジャイル型開発（小さな単位で迅速にソフトウェアを開発し、稼働と並行して改良を加えていく開発手法）が増加し、償却の起点となるプログラム稼働のタイミングが曖昧になるなどの課題が発生しています。経理部門にとっても、日々進化するデジタルマーケティングの成果物の取り扱いに苦慮することがあるでしょう。デジタルマーケティング担当は、経理部門とも協力関係を結び、新しいデジタルマーケティング施策を採用する際や、予算立案のタイミングで、情報共有を行うと良いでしょう 04 。

04 デジタルマーケティングに関係する社内部署

関係する社内部署	デジタルマーケティング部署に対する関連部署の取り組み	関連部署に対するデジタルマーケティング部署の取り組み
営業部門	販売状況の共有 顧客の声のフィードバック	顧客ターゲットの共有 市場環境の共有
お客様相談部門	顧客のネガティブな声の収集	顧客の声（VoC）の取りまとめ 社内発信
法務部門 リスク対応部門	コンプライアンス対応に関するアドバイス	監査などへの迅速対応
経理部門	デジタルマーケティング制作物の費用処理に関するアドバイス	適切な会計処理への協力

● デジタルマーケティングの予算を確保する

社内部門の協力を取り付けたら、次に必要となるのはデジタルマーケティングを推進するための予算の確保です 05 。マスマーケティングのマーケティング施策に比べ、デジタルマーケティングは比較的安価と言われていますが、広告などを出稿する場合には、コンテンツの制作費用や媒体費用、出稿先の媒体を仲介してくれる広告会社（いわゆる広告代理店）への費用も必要になります。デジタルマーケティングの予算規模については、企業規模やマーケティング戦略によって大きく異なりますので、ここでは触れませんが、これまでも説明した通り、デジタルマーケティングは「投資」ですので、投資に見合う効果がどの程度期待できるかが、予算立案の目安となるでしょう。前のSectionで解説した、デジタルマーケティ

ングで評価するKPIと、マーケティングのゴールを関連付け、KPIをどれくらい改善するのに、費用はどの程度かかるのか、という視点で出された見積もり金額を評価しましょう。個々の案件の見積り額を積み上げ予算額の精度を上げていきます。デジタルマーケティングの施策は、単発で終わるものは少なく、Webサイトの運営のように長期間続けて情報発信する目的で構築されるものが多いです。個々の施策の費用対効果の評価に加え、継続案件の予算と、新規に取り組む施策の予算を併せたトータルのマーケティング予算に対する費用対効果の検証も重要となります。効果の低い施策については惰性で継続せず、半期や年次くらいのサイクルで撤退などの判断を行うことも重要となります。

05 デジタルマーケティングの予算の立て方

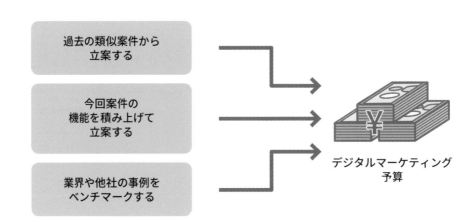

過去の類似案件から立案する

今回案件の機能を積み上げて立案する

業界や他社の事例をベンチマークする

デジタルマーケティング予算

海外に日本文化を発信するにも「デジタルマーケティング」

読者のみなさんの中には、国内だけでなく海外でも広くビジネスを展開している企業にお勤めの方がいらっしゃるかもしれません。コロナ禍が収束しつつあり、これから視野を海外に向けてみようと思われている方もいるはずです。世界で日本の文化が受け入れられ、日本の商品やサービスもビジネスチャンスを迎えています。しかし、世界は広いものでどこにどんな興味を持った人々がいるかはわかりません。

しかし、インターネットは世界共通で、WebサイトやSNSはどこからでもアクセスすることが可能です。世界のどこかに、あなたの企業の商品・サービスに興味を持ってくれる人がいたとすれば、そこはデジタルマーケティングの出番ではないでしょうか。

国内から海外に向けて、特定の興味関心に刺さるマーケティングをデジタルで巧みに拡大している企業が増えてきています。この冬、映画「THE FIRST SLAM DUNK」のヒットで注目された東映アニメーションもそのうちの1社です。同社は、アニメ「デジモンパートナーズシリーズ」を長年テレビ・映画で放映し続けていますが、海外も含めたデジモンファンとの共創の取り組みをデジタル上のコミュニティで展開していま

す。ファンの意見で生み出されたオリジナルグッズは海外でも大人気だとか。

また、日本の文化である「錦鯉」（お笑い芸人ではなく、魚のほうです）も、オンラインサイト「nisihigoi.com」で世界中のマニアに対してオークションを行っているそうです。また、ニッチな分野では、プラスチックやガラスボトルを製造・販売する竹本容器をご存知でしょうか。世界中でEC取引が拡大し、小規模の化粧品メーカーが海外で多く展開しはじめたことから、化粧品ボトルの需要が海外で伸びているそうです。竹本容器は、オーダーでデザインから販売までを一貫して行い、3Dプリンターを使ってスピーディーなプロトタイプを制作することができるため、ヨーロッパを中心に売り上げが拡大しているそうです。同社のWebサイトのトップページでは、容器の形状、材質、容量などを指定し、ニーズに合った容器を探し出せるようになっています。

このように、グローバルにおいても日本のきめ細かな商品・サービスに注目が高まっています。世界中に存在する顧客に、日本企業の製品・サービスの価値を届けるためのデジタルマーケティングの活用方法が、今後増えてくるものと思われます。

Section 4

デジタルマーケティングの
システム環境整備

デジタルマーケティングはその名の通り「デジタル」を活用し、マーケティングを成功に導くマーケティング手法です。それを推進するデジタルマーケティング担当が主役であるとすると、デジタルツールは助演の役割と言えるでしょう。そして、上手に活用するための専門家である「情報システム部門」を味方につけましょう。

● **スモールスタートで活躍するクラウドシステム**

デジタルマーケティングで利用するITツールは、一からプログラミングを行い開発するものではなく、多くは既成のツールを利用します。いまでは自社でサーバーなどのインフラを保有しない、「クラウド型」のシステムを利用することが一般的です **01** 。中で も、すでに構築済みのソフトを初期設定のみで利用開始できるSaaSは、デジタルマーケティングのスモールスタートを切るに当たっては有効なツールとなります。

デジタルマーケティングでよく利用されるクラウ

01 デジタルマーケティングで有効なクラウド型システム

システム領域	機能
CMS（コンテンツ管理システム）	Webサイトの開発を効率化する。標準的なパーツの提供や、制作したUIコンテンツを管理し、再利用しやすくする
MA（マーケティングオートメーション）	顧客のWeb上の行動データを基に、あらかじめ決められたルールに従い、メール発信や、画面の特定パーツの表示を行う
メール配信エンジン	MAなどからの指示に基づき、指定された文面と宛先にメールを配信する
CDP（Customer Data Platform）	顧客のIDや属性、Web上の行動履歴などを格納する。収集される大量のデータを、即時にIDに紐付けることができる
EC構築エンジン	商品や価格の設定を行い、ECを手軽に開始できるツール。カスタマイズの上、決済や物流、社内の会計処理と連携するカスタマイズ型と、必要な機能がパッケージ化されたASP型・カート型などがある

ドシステムには、Webサイトを構築するCMS（コンテンツ管理システム）や、顧客にメールを配信するタイミングを指示し、そのタイミングでメールの配信を実行するMAツール、メール配信エンジンなどがあります。そのほか、膨大な顧客の行動データを蓄積し、顧客IDとの関連付けを行うCDPもよく使われるツールです。また、Section 2で紹介したGA4も、アクセス解析を行うクラウド型サービスの一種です。GA4は、保持するデータをGoogle Cloud Platformと呼ばれる汎用型のクラウドサービスに連携し、CDPと同様のデータベースを構築することが可能です。SaaSをはじめとするクラウド型のシステムは、構築を迅速に行えるだけでなく、コストも有利な面があります。通常、情報システムをゼロからオーダーメイドで開発（スクラッチ開発と言います）する際は、初期段階で一括して構築費用をベンダーに支払うのが一般的です。しかしクラウド型の開発では、発生する費用を月額で支払うパターンが多く、機能を検証するための「試行期間」を持つことができます。こ

の試行期間で、機能の不備が見つかれば、別のツールに乗り換えることもでき、投資のリスクを軽減することにもつながります。

その半面、クラウド型システム（特にSaaS）で注意すべきなのは、カスタマイズできる範囲が限定的だという点です。画面の見た目や表記など、表面的な部分は修正を加えることが可能な場合もありますし、マニュアルなどの業務運用で調整することも可能かもしれません。しかしもっとも注意すべき点はデータ構造の定義です。個々のデータ同士のリレーションや、親子関係の持ち方など、自社の考え方と異なれば、業務の運用がかえって煩雑になる、またはそもそもそのSaaSが使えないということにもなりかねません。SaaSを採用する際には、テスト利用の時間を十分にとり、自社の要件に合致しているかどうかを検証する必要があります。また、年間などの長期契約で、月額費用が軽減されるプランもありますが、要件に合致しているかどうかの確証がない段階で長期の契約は避けたほうが良いでしょう。

● 企業情報システムとデジタルマーケティングシステムとの関係

企業が運用する情報システムは、デジタルマーケティングシステムだけではありません。会計・物流・製造・営業・人事など、さまざまな分野で情報システムが構築・利用されています。デジタルマーケティングの関連システムは、独立して稼働することも可能ですが、これらの企業情報システムと連携するほうが効率的な場合もあります。例えば、商品やサービスの仕様を管理する「商品マスター」が代表例です。商品マスターは、商品コードや名称のほか、内容量、

寸法、構成する成分や部品、価格などが管理されています。そして、複数のシステムが利用することを想定して一元的に持たれていることが一般的です。正しい内容で最新の情報を維持するために、各データ項目について責任を持つ部署が決められ、データがメンテナンスされています。デジタルマーケティングシステムでも、最新情報が反映されている、商品マスターを利用しない手はありません。デジタルマーケティング側のSaaSの多くは、API（Application

Programming Interface）と呼ばれる、データ受け渡しの出入り口があらかじめ用意されています。社内システムで持つ商品などのマスター類は、APIを呼び出して、データを流し込むようなプログラム構築を行うことで、連携が可能です。

商品マスターのほかに、企業が管理するマスターの代表例は、社内の拠点（営業や物流、工場など）に関するマスターや、BtoBでは顧客に当たる取引先マスター、従業員マスターなどがあります **02** 。従業員マスターは、デジタルマーケティングでは頻繁には使用しませんが、セキュリティの面でSaaSにアクセス可能なのは誰であるかを定義する際に利用されることがあります。複数システムのアクセス権限の管理を、一括で行うための専用システムも提供されており（Microsoft社の提供するActive Directoryなど）、デジタルマーケティングのSaaSと連携させることもあります。

02 企業情報システムが管理するマスター類

社内で管理される主なマスター	管理するデータ項目
商品マスター	商品名、荷姿、価格、商品特徴、内容物、外装イメージ　など
拠点（事業所）マスター	名称、住所、電話番号、拠点の役割　など
顧客（取引先）マスター	名称、住所、電話番号、代表者氏名、年商規模 窓口部署、窓口担当氏名　など
従業員マスター	氏名、所属部署、入社年次、メールアドレス　など

また、マスターデータのほかにも、デジタルマーケティングシステムと企業の情報システムとの連携によって相乗効果を生むデータがあります。「トランザクションデータ」と呼ばれるものがこれに当たります。トランザクションとは、業務処理を意味します。例えば、ECサイトの運営を行う際、顧客からの注文に対して在庫の有無を確認する必要があります。商品の製造や仕入の予定情報などを在庫情報に反映することで、注文の可否や納期回答が可能になります。それぞれのトランザクションデータのことを「在庫トランザクション」「製造トランザクション」「仕入れトランザクション」と呼んでいます **03** 。

ECの販売にはクレジットカードなどで決済が必要です。企業の会計システムへは、決裁後に「売り上げトランザクション」や「入金トランザクション」が提供されます。

このトランザクションデータについては、件数が少なければ企業情報システム側への手入力で対応することも可能でしょう。しかし、件数が増加すれば、人の作業では追い付かなくなる可能性があります。また、在庫トランザクションンのように、複数のECサイトから同一商品に対し注文が入った場合、在

Part. 5

庫の残数が正しく更新されていないと在庫以上の注文を受けてしまうこともあるので、注意が必要です。このような場合には、在庫データと、各ECの受注トランザクションをシステムで連携させ、リアルタイムに在庫データを増減させることが必要です。

デジタルマーケティングシステム規模の拡大スピードを確認し、然るべきタイミングでトランザクションデータについても企業情報システムと連携を検討することが必要となるでしょう。

03　企業情報システムとのトランザクションデータ連携

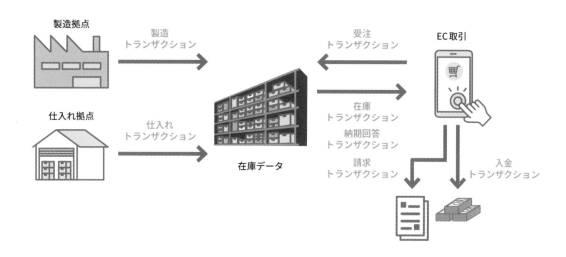

製造拠点　製造トランザクション　受注トランザクション　EC取引

仕入れ拠点　仕入れトランザクション　在庫データ　在庫トランザクション　納期回答トランザクション　請求トランザクション　入金トランザクション

● 情報システム部門と協力関係を築く

マスターデータやトランザクションデータなど、企業情報システムが持つデータはデジタルマーケティングを効果的に運用するために魅力的なものばかりです。しかし、デジタルマーケティング担当者が企業情報システムからデータを吸い上げるためにプログラムをつくることは、非常に難易度の高い作業です。そもそも企業情報システムは、強固なセキュリティで守られており、システムやデータにアクセ

スすること自体が不可能な構成になっているはずです。従って、企業情報システムとデジタルマーケティングシステムを接続しデータの送受信を行うためには、企業情報システムの管理者である情報システム部門の支援を得る必要があります。この情報システム部門ですが、どんな役割や業務を行っているかは、デジタルマーケティングの担当者にはあまり馴染みがないでしょう。ここでは、企業情報システムの番

人である情報システム部門が果たす役割と、協力関係を築くコツを紹介してみたいと思います。情報システム部門だけでなく、社内の各部署から協力をもらうためには、信頼関係が重要なポイントとなります。信頼関係は、初対面で築けるわけではなく、何度も対話を重ね構築するものです。対話をするにも、相手がどのような役割を持って、何が得意分野かを知らなければ、対話のきっかけがつかめません。協力関係のコツがあるとするとそれは、「相手のことを知る」ということでしょう。

では、情報システム部門に話を戻して、役割や得意分野を把握してみましょう。情報システム部門の果たすべき重要な役割として、企業情報システムの全体構成と今後必要になるシステムの構築戦略の決定が挙げられます。企業情報システムの多くは、1年以上の期間を費やし構築されます。中には、3〜5年を要するものもあるほどです。長期にわたり、多額の投資費用を投入して開発される情報システムであるため、失敗は許されません。よって、中長期の全体戦略を策定し、構築が進められます。デジタルマーケ

ティングで多く使われるクラウド型のシステムを採用するかといった判断も、戦略のひとつです。

また、情報システム部門の役割は、稼働後のシステムにも及びます。システム運用・保守や、セキュリティシステムの構築、外部からの攻撃の監視なども、近年の情報システム部門の重要な役割になっています。社員が利用するPCやスマートフォンなどの選定、調達、操作教育、デバイス管理なども、情報システム部門の役割であることが多いです 04 。

このように、情報システム部門は、システムの開発や運用に関するさまざまなノウハウを持っています。デジタルマーケティングのシステム導入に際しても、前述のマスターデータやトランザクションデータの連携に関する相談はもちろんのこと、システム操作を自動化するRPA（Robotic Process Automation）や複数システムとの統合システム連携ツール（iPaaS：Integration Platform as a Service）の利用方法についても指南を期待できるでしょう。採用するSaaSのセキュリティレベルのチェックについても助言をもらうことができるほか、利用するクラウド型のサー

04 情報システム部門の主な役割

情報システム部門の主な役割	業務内容
システム全体戦略の策定とシステム構築	中長期で必要になるシステム構築要件を抽出し、既存システムの改修やリプレースと併せ、構築スケジュールを立案する
システム運用・保守	構築後のシステムの安定稼働を維持し、トラブル発生時に迅速復旧に導く。また、システムリソースなどの不足を未然に検知し適切な増設を行う
セキュリティシステムの構築	サイバー攻撃などの脅威から情報システムを守るため、必要な対策を施す
PCやスマートフォンなどのデバイス調達	社員に支給するPC・スマートフォンなどの標準的な機種を決め、調達する

ビスの選定やテスト項目の抜け漏れのチェックについても相談できます。デジタルマーケティングで採用するソフトウェアのテストは、スマートフォンアプリなどOSや機種によって動作が異なるものもあり、専門家の視点で助言をもらうことが不可欠なシーンも出てきます。

　情報システム部門担当者は、デジタルマーケティングシステムの導入や稼働後の運用の面で、強い味方であり、彼ら彼女らをうまく巻き込むことができれば成功により近づくということがおわかりいただけたと思います **05**。しかし、多くの企業の情報システム部門が、デジタルマーケティングをはじめとするDX（デジタルトランスフォーメーション）推進の支援者となっているかというと、そうではありません。情報システム部門は、これまで「トラブルのない

安定的なシステム稼働」に従事してきました。この役割を重視するあまり、情報システム部門によっては、新しいシステムは既存システムの安定稼働を脅かす「外乱」と見なし排除することがあるのも事実です。デジタルマーケティングシステムが導入・稼働した後も、セキュリティ対応などの視点から、情報システム部門が厳しいチェックを行う「お目付け役」とならざるを得ない場合もあり、施策を進めたいマーケティング部門との間で衝突が起こることもあります。

　自社の企業価値を顧客に届ける大切な役割を担うデジタルマーケティングと、ITの専門家である情報システム部門が連携しないのは、非常にもったいないと思いませんか。情報システム部門をいかにうまく巻き込むかが、デジタルマーケティングの成功を左右するといっても過言ではありません。

05 デジタルマーケティングで考えられる情報システム部門の支援例

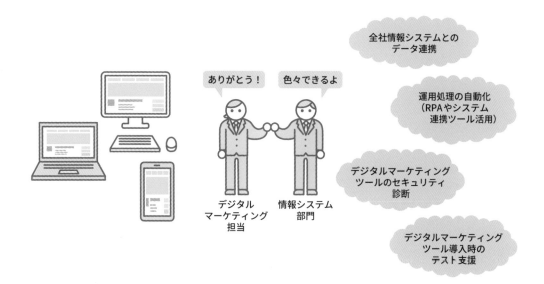

全社情報システムとの
データ連携

運用処理の自動化
（RPAやシステム
連携ツール活用）

デジタルマーケティング
ツールのセキュリティ
診断

デジタルマーケティング
ツール導入時の
テスト支援

ありがとう！　色々できるよ

デジタル
マーケティング
担当

情報システム
部門

デジタルマーケティング担当には、情報システム部門と協力関係を築き、より深くコミットしてもらうために、ビジネスの目的や必要な支援内容を明確にして、対話の場を設けることをおすすめします。

複数部門が参画する部門横断プロジェクトなどを立ち上げ、情報システム部門の担当者にも参加してもらうよう、働きかけてみてはいかがでしょうか。

— Column —

子どもの頃の記憶とマーケティング

顧客の記憶に自社の商品サービスを残すためには、一瞬のインパクトだけではすぐに忘れられてしまいます。短期記憶に入った情報は、わずか15秒で9割以上は忘れられてしまうのです。忘れられずに、長期記憶に残り続けるコツのひとつが、「エピソード記憶」という特定の時間や空間に関連付けた記憶の方法です。みなさんも子供の頃にあった出来事の中で、今でも覚えていることってありませんか。

筆者自身も、子供の頃の遠い記憶を辿ると、いくつも覚えていることがあります。そして、このコラムを書きながら振り返っていると、「あれは企業のマーケティング戦略にはまっていた」と気付いたエピソードがありました。私は愛知県出身なのですが、私の近隣在住の小学生は高学年の社会見学で必ずトヨタ博物館を訪問します。そこで、トヨタの歴史や高性能な自動車のことを聞いたのでしょうが、そのシーンはまったく覚えていません。覚えているのはおみやげでもらった、トヨタ2000GTのプラモデルです。

子供の頃のインパクトが強い体験は、大人になった今でも長期記憶として鮮明に覚えています。企業のマーケティングは、長期戦略で子供たちの心を掴むこともテクニックであると思い知らされました。愛知県はトヨタ自動車のお膝元ではありますが、こうした取り組みが、大人になってもトヨタ車を選択するきっかけづくりになっているのですね。

Section

5　テクノロジー活用の未来を見据える

テクノロジーの実用化の度合いをどのように見極め、業務に適用していくかは、深い知識と長い経験が必要な作業です。コツコツとデジタルマーケティングの成果を積み重ねつつも、将来においてテクノロジーを使いこなすための、知識と経験の身に着け方を習得しましょう。

● テクノロジーの進展にアンテナを張る

ここまで、「明日から始めること」に焦点を当てて、スモールスタートでデジタルマーケティングを始めるために必要な考え方やスキル、組織体制、情報システムについて触れてきました。最終Sectionでは、明日のことと同時並行で、「未来のこと」に視点を移して考えてみたいと思います。自身のスキルを高める活動として、他社のデジタルマーケティングの事例やニュースを敏感にキャッチすることの重要性について紹介しました。新聞やWebニュースでは、日々数えきれないくらいの取り組み事例や、デジタルの新しい製品・サービスが紹介されています。特にAIの実用化のスピードは勢いを増しており、デジタルマーケティングの領域でも多くの事例が登場しています。

01 デジタルマーケティング担当は将来にも目を向けなければいけない

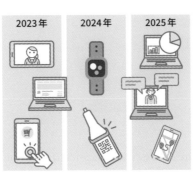

185

デジタルマーケティングを立ち上げ始めたみなさんは、他社の事例を自社のマーケティング施策の参考にするだけでなく、将来のデジタルマーケティングがどのようになっているかを想像し、コストや時間の効率を向上させる新たなチャレンジが求められているのです 01 。

● AIの進展とデジタルマーケティング

日進月歩で進化するAIですが、デジタルマーケティングの領域でも実用化が進んでいます。将来のデジタルマーケティングを想像する上で重要となるAIの現時点の実力を、事例を交えて紹介します。2023年の現在から数年後にこの本を手に取った方には、「なんだ、今ではそんなこと当たり前じゃないか」と思われるかもしれません。それほどまでに、進化が早い世界であり、逆にここに書かれていることが当たり前になっているような世の中になっていることを期待したいと思います。

まず、デジタルマーケティングでAIが活用される領域は、顧客の行動データの解析技術です。前Sectionで紹介したGA4でも、すでに、過去に収集した顧客のWeb上のアクセスデータを機械学習エンジンにて解析し、「過去28日間に特定の操作を行ったユーザーが、今後7日間以内に購入する可能性」や、「過去7日以内にアプリやサイトで特定の操作を行ったユーザーが、今後7日以内に離脱する可能性」などを予測することが可能となっています。

また、AIがパッケージデザインなどの評価や、イメージ画像の生成を行う事例も登場しています 02 。パッケージデザイン開発とマーケティング・リサー

02 AIを活用したパッケージデザインの制作の列（プラグ 「パッケージデザインAI」）

出店：PRTIMES （2021年9月27日付け）1時間で1,000案の消費者に好まれる商品デザインを作るAIサービスの提供を開始
https://prtimes.jp/main/html/rd/p/000000011.000062916.html

チを行うプラグは、920万人の消費者調査の結果を学習データに使い、東京大学と共同研究したシステム「パッケージデザインAI」を提供しています。デザイン制作では、生成と評価を繰り返し、1時間に1,000案のデザインを生み出した後、生成されたデザインを「高級感」や「やさしい」「かわいい」など19のイメージワードの予測スコアで分類し、100案のデザインを推奨してくれます。

動画広告の生成でもAIの活用が進んでいます。サイバーエージェントは、2023年内に、AIを利用した動画広告の量産を行うサービスを開始すると発表しました。3Dのアバターをタレントとして生成し、視聴者の好みに合わせて、しぐさやセリフなどがアレンジできるとのことです **03**。静止画を用いたバナー広告の自動作成では、すでに「極予測AI」というサービスを提供しています。AIを活用し、より効果が見込めるビジュアルとメッセージ表現を開発することが可能となります。最終的な仕上げは人による調整が必要だということですが、将来は完全な自動化も目指しており、この分野での大幅な効率化が期待できるでしょう。

● テクノロジーとの付き合い方

AIの飛躍的な発展の紹介をしましたが、進化するテクノロジーはAIだけではありません。本書で紹介したARを活用した事例はさらに発展し、「メタバース」と呼ばれる仮想空間上で、ECの取引も行われ始めています。また、ブロックチェーンを活用した分散型Web技術「Web3（ウェブスリー）」も、マーケティングの用途では無形物（デジタル画像など）の唯一性を担保して、公正な取引を行う用途で実用化が始まっています。

最新テクノロジーには期待も大きいですが、注意

03 AIを活用した広告ビジュアルの作成の例（サイバーエージェント）

出店：日本経済新聞　（2023年1月30日付け）　サイバー、AIで動画広告を量産　3Dタレントで演出自在
https://www.nikkei.com/article/DGXZQOUC164UK0W3A110C2000000/

も必要です。黎明期のテクノロジーは、一時的な期待の高まりがピークに達した後、一旦収束し、その後啓発活動を経て安定的に利用が定着すると言われています。中には、バズワードとして期待が高まっただけで収束してしまうような技術もあります。

　先ほど紹介したAIもその歴史を辿って成熟してきました。鳴り物入りで登場した際は、用途が定まりませんでしたが、最近になってようやく実用例が増えてきたところです。余談になりますが、AIが登場し始めた頃のエピソードです。とある大手AIエンジンの紹介を受けたことがあります。そのときの技術者から、「未知の食材の組み合わせやレシピをAIが導き出してくれます」と紹介されたので、「例えば？」と問うと、「スイカに塩をかけるような」という回答が返ってきて、苦笑した記憶があります。

テクノロジーが、実際にどのように自社の業務を効率化するかは、それがユースケースとして安定的に実績を上げてからでも遅くはありません。しかし、そのテクノロジーの登場から実用化までの歴史を知ることには意味があります。テクノロジーが実用化に至るまでの進化や用途の変遷を辿ることにより、将来、そのテクノロジーを採用することになった際、あなたの頭の中でそのテクノロジーの強みや弱み、特徴などが比較可能になっていることでしょう。進化を追ってきた技術に対して、より的確な評価を行うことが可能になり、使いこなす際のハードルも低くなっていることと思います。そして、何よりも、その進化を追ってきた技術に自身で触れ、ビジネスの成果に貢献できることに意義を感じ、取り組むことができるでしょう **04** 。

● デジタルマーケティングの「コア」と「周辺」

　本書では、デジタルマーケティングを使い顧客へアプローチする「コア要素」について、デバイス・チャネル・コンテンツ・データの視点で解説してきました。まだ、一度も購入経験のない潜在顧客から、晴れて初回購買に至った新規顧客、何度もリピートしてくれる既存顧客やファンといった、顧客との関係の深さに応じて、デジタルマーケティングのコア要素をどのように使い分けるかについて、まだデジタル

04 テクノロジーとの付き合い方

テクノロジーの動向に目を向ける　　成熟後　　人　　テクノロジー

マーケティングを始めたばかりの初心者の方にもわかりやすくお伝えしたつもりです。そして、後半ではコア要素をより効果的に、また正しく活用するための、コンプライアンスやプロセス設計、社内や社外協力者、ツール、予算といったサポーターについて解説を加えました。デジタルマーケティングを進める上でコア要素が重要であるのは言うまでもありませんが、それだけでなく、コンプライアンス、プロセス設計、サポーターの確保といった周辺要素も欠かすことができません 05 。

そして、デジタルマーケティングで最大の武器となるのがテクノロジーです。日々進化するテクノロジーを、うまく味方につけ効果的な顧客への情報を、効率的かつ安全に行うことが重要です。デジタルマーケティングの「コア要素」「周辺要素」「テクノロジー」のそれぞれの役割を理解するとともに、全体を指揮するのがデジタルマーケティング担当のミッションなのです。デジタルマーケティングの世界に踏み出したばかりのあなたにとっては、聞きなれないカタカナ用語や、膨大なデータに怯むことも多いでしょう。しかしみなさんは、自身の企業の商品やサービスの価値を、それを待ち望む顧客に届けるやりがいのある役割を担っています。自身のスキルを磨き、積極的にデジタルマーケティングの推進に取り組んでください！

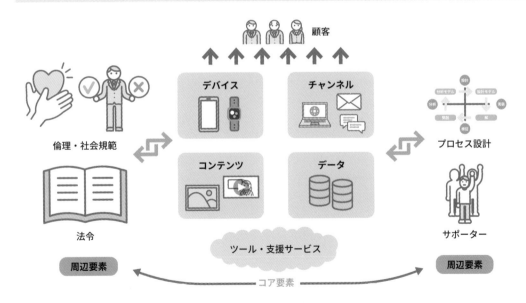

05 デジタルマーケティングの「コア」と「周辺」

顧客

デバイス　チャンネル

倫理・社会規範　プロセス設計

コンテンツ　データ

法令　サポーター

ツール・支援サービス

周辺要素　周辺要素

コア要素

189

あとがき

　最後までお読みいただき、ありがとうございました。この本を通して、デジタルマーケティングが身近に感じてもらえたら嬉しいです。

　そもそも、デジタルマーケティングをテーマにした書籍を書こうと思ったのは、すでに数多くある関連の書籍の中で、顧客の発見から出会い、関係を深化させてファン化するまでの、幅広い領域を網羅したものがあまり存在しないように思ったからです。今回の書籍では、このカスタマージャーニーの全体を網羅することに特にこだわり、そして「どうやったら顧客との関係が深まるのか」をわかりやすく表現したいと思っていました。

　というのも、私は、食品メーカーの情報システム部門に長く所属したのち、広告宣伝部門で、デジタルマーケティングの推進に携わりました。人手不足の組織でしたので、デジタルマーケティングだけでなく、テレビCMの撮影立ち合いや、SNS・企業コミュニティ運営、予算管理や広告クリエイティブの表現チェックまで、数えればキリがないくらいの仕事に携わりました。本書を執筆するにあたっては、この長い食品メーカー時代の経験が活きたのではないかと思っています。当時お世話になった皆さんに改めて感謝したいと思います。

　私の食品メーカー広告宣伝部時代で、一番心に残っているのは企業コミュニティサイトのイベントで工場見学へお客様をアテンドしたときのエピソードです。一日中、工場見学をはじめ、さまざまな企画を行い、最後に駅までお客様を送った際に言われた「こんなにおもてなししてくれて、本当にありがとう」という一言が、まだ耳に残っています。「マーケティングはお客様に企業の情報を伝え商品を買ってもらうことだ」と本の至るところで語ってきましたが、このエピソードのように「感謝」という言葉で返ってきたときは、お客様に届けたかった価値が伝わった瞬間であり、これからも忘れずに大切にしていきたいと思っていることです。

　最後になりますが、この本を出版する機会をくださり、支えてくださった編集者の塩見治雄さんと、素敵なイラストを添えてくれたデザイナーのみなさんに心から感謝いたします。そして何より、本書を手に取っていただき、最後まで読んでくださったあなたに、心より感謝申し上げます。あなたのデジタルマーケティングに未来が切り拓かれますように！

水野慎也

著者紹介

水野 慎也
みずの しんや

株式会社アイ・ティ・アール、シニアアナリスト。食品メーカー情報システム部門に20年以上在籍し、生産・物流などを中心にエンタープライズアプリケーションの企画・開発・導入を担当。情報システム部門の組織運営や戦略立案などに携わったのち、広告宣伝部門にてデジタルマーケティングを推進。自身が「中の人」となり、ファンコミュニティサイトの運営を先導した。2020年4月より現職。デジタルマーケティング製品・サービスのリサーチをはじめ、各種エンタープライズアプリケーションやIT投資に関する調査プロジェクトを担当する。企業コミュニティ運営については、現在も最新のトレンドを追い続けおり、WebマガジンMarkeZineにて『Withコロナ時代、一歩先行くコミュニティの共創最前線』を連載中。

Staff

装丁・本文デザイン	木村由紀（MdN Design）
本文イラスト	平松 慶
編集・DTP制作	リンクアップ
イラスト協力	高木芙美
編集長	後藤憲司
担当編集	塩見治雄

未来ビジネス図解　最新デジタルマーケティング

2023年4月1日　初版第1刷発行

著者	水野慎也
発行人	山口康夫
発行	株式会社エムディエヌコーポレーション
	〒101-0051　東京都千代田区神田神保町一丁目105番地
	https://books.MdN.co.jp/
発売	株式会社インプレス
	〒101-0051　東京都千代田区神田神保町一丁目105番地
印刷・製本	中央精版印刷株式会社

Printed in Japan
©2023 Shinya Mizuno. All rights reserved.

【カスタマーセンター】

造本には万全を期しておりますが、万一、落丁・乱丁などがございましたら、送料小社負担にてお取り替えいたします。
お手数ですが、カスタマーセンターまでご返送ください。

落丁・乱丁本などのご返送先
〒101-0051　東京都千代田区神田神保町一丁目105番地
株式会社エムディエヌコーポレーション カスタマーセンター
TEL：03-4334-2915

書店・販売店のご注文受付
株式会社インプレス　受注センター
TEL：048-449-8040／FAX：048-449-8041

● 内容に関するお問い合わせ先
株式会社エムディエヌコーポレーション カスタマーセンター メール窓口
info@MdN.co.jp

本書の内容に関するご質問は、Eメールのみの受付となります。メールの件名は「未来ビジネス図解　最新デジタルマーケティング　質問係」とお書きください。電話やFAX、郵便でのご質問にはお答えできません。ご質問の内容によりましては、しばらくお時間をいただく場合がございます。
また、本書の範囲を超えるご質問に関しましてはお答えいたしかねますので、あらかじめご了承ください。

ISBN978-4-295-20496-1　C0034